艾莉的原點

你是從什麼時候認識我的？
我很喜歡問讀者這個也問題

以前的我以為自己沒有說故事的能力
也許能寫但就是把一些漂亮的文字
堆砌在一起的過程、沒有靈魂.
我多次的開卷示. 艾莉可以成為今天的樣子
是因為陶子 (陶晶瑩) 看到了我.
她要我寫.

好可以. 她堅定地對我說.
在那之前 我從來不知道自己有這麼多話想說.
而且說得沒完沒了.
人生在世 擁有這樣比你自己還要認識你
相信你的朋友、能多難得？
而我的幸運在於 這樣的朋友
我擁有不只一位.

這是我第一本書〈愛不愛都有病〉出版十年後
的全新版本

回到寫作的原點對於這幾年書意重點多半落在
人生與職場的我來說、再把這本書的重點
擺能回愛情、自然是有了更多的體悟、更多的話
想對你們說。

也許你會因為書裡的故事終於得以落下
曾經以為沒人能計畫的淚、在愛情這條路上
跌跌撞撞走了這麼久、我明白你的疲累理
蓋素。

如果說這些年我有學到一些什麼、那肯定是
敢於面對分離的你我、更應該要能堅定
相信著愛情。

關於愛情的病症永遠會有新發現
但、就像我之前所說的

人生在世誰不是帶著幾樣病痛過著日子
只是病症的輕重緩急不同.

愛情也是一樣. 愛過傷的曾經有時候
並不會隨著時間淡去. 而是會變成一種
埋在心裡的病症.

有些人藏得很深不讓家人看出來. 也有些人
哭天喊地地這樣要讓全天下都知道.

都是有病的人卻也都是想愛的人.「愛」跟「病」
原本就不是相互排擠的.
你可以帶著病去愛. 也可以愛著這個病.
再病也要愛下去. 再愛也可以帶著病.

關於愛情這種病
不論到了幾歲都該不停發病下去.

CONTENTS　目錄

輯一
輕度

愛情病：
別怕，是愛情啊！

CONTENTS　目錄

輯二
中度
愛情病：
愛情本來就是一種病。

愛情病：
再病也要愛下去，再愛也可以帶著病。

愛情病

別怕，
是愛情啊！

看著客廳地板上正反面各一被胡亂脫下的襪子

你麻木地彎腰拾起丟進洗衣籃

甚至已經不再抗議 疲倦地重複想著這一句話

說了也沒用……

你放棄了藉由溝通改變另一個人

而這個人是曾經誇下海口

要承擔你剩餘人生裡所有幸福的人

沒有人跟你說過 結了婚以後會是這樣的

每個童話故事最後 總是以一句虛無的
「從此以後過著幸福快樂的日子」來做結尾

這麼多年以後 你才明白那是全世界聯手的一場詐騙

如果說一個人時的寂寞是空虛

兩個人時的寂寞就是無止境的空隙–誰也無力跨越

你甚至不再認得他了–怎麼會變得如此陌生？

一開始你是很確定可以牽著他的手一輩子都不想放的

如今他太放心這段感情
　對你放下了心 放下了必須要有的關心

你要的不是分分秒秒的呵護 而是感覺被在乎的疼惜

是明白兩人一起的未來確實地擺在他心上

是那些日常看似不重要的問候 累積成了在乎的習慣

幸福不只是突如其來的感動

更應該是日積月累的關照以及被理解的憐惜

戀愛時體貼與在乎
　　落實到婚姻是記得與掛念

那些你以為這又沒什麼的大驚小怪
　　偏偏就是對方最忍受不了的雷點

沒有誰會一直在原地等待的
　　當存夠了失望轉身只是遲早的問題

原來 婚姻中最難的不是一直愛著對方
　　　　而是不要忘記曾經多愛對方

問問自己你曾經答應過他的幸福 都做到了嗎？

喜歡不見得會在一起

示弱功能硬化症：

嘴硬逞強是家常便飯，不輕易開口求助。

以為示弱像是一種把柄，這把柄一旦落入誰的手中就要承擔可能被傷害的風險。

擔心脆弱的自己太過麻煩，不可能被誰完全接受。

你見過這樣的女子嗎？

在別人面前總是笑語朗朗，沒有人見過她的眼淚，她的世界總是放晴從來不懂得雨天。

她有用不完的活力，古靈精怪鬼主意一堆，常把身邊那個從異地來到大都市打拚的男孩耍得團團轉。她叫莉香，赤名莉香。

被她耍得團團轉的大男孩叫完治，但莉香總是故意叫他丸子。

他們一起從經典日劇《東京愛情故事》出現在我的青春。

初見到莉香的人總是被她燦爛的笑容誤導，以為她是開朗的人。

後來我慢慢發現終日甜笑著的她其實一直在逃、逃避真正與人交心，逃避著被誰看穿自己。她用歡樂掩蓋傷痛、看似隨和卻用客氣拉開跟所有人的距離，遠到剛好不讓誰真正靠近。

人們總愛議論她的生活，時常與誰外出交際、昨晚又換了哪位男伴。

她用笑聲隱藏不被喜歡的疼痛，那些不堪入耳的流言蜚語她不是不在乎，而是強迫自己要去習慣，習慣到麻痺、習慣到充耳不聞。

這樣好強的女孩總是用反諷戲謔的方式回答別人的提問，沒有人可以輕易看見她的傷心。

完治這樣直來直往的男孩以為人前的莉香就是她真實的樣貌了，他一次次弄傷她卻渾然不知，依然得到不減熱情的莉香毫無保留的回報。

一個人之所以有傷害你的能力，那是因為他對你來說是不一樣的存在。

莉香一開始也只是漫不經心地對待完治，從來沒想過這個純樸的大男孩可以把自己傷了又傷。

她看似灑脫卻是最體貼的情人，極力避免讓他感受到自己的負面情緒，就算低潮也不分攤自己的難過，然而這並不是一段健康的關係該有的互動。

表面上看來是因為她夠貼心，實際上是不想面對自己的無能為力，害怕太過黑暗的自己完治不可能會喜歡。

她以為這樣是體諒，卻也拱手讓出一起體會承擔彼此沉重人生經歷的機會。

交換過傷口才能真正走進對方的心，也才能讓傷口被撫平。莉香

的愛濃烈卻有距離，不曾讓完治看過自己一路走來人生的那些不容易。

她拒絕在對方面前崩潰大哭，以為那樣的自己太過失態，那是還沒有真正交出自己、是對方的愛不夠讓你放心，也是還不夠信任這段關係。

愛情對於完治、甚至我們每個人來說，都是人生中某個重要部分，只是隨著歲月的移轉比重可能會逐漸變得輕微，我們要迎戰的人生還有很多面向，愛情甜蜜寵溺的力量無法抵擋更多現實社會撲天蓋地的苦澀。

那想盡辦法要生存下去卻難以說出口的滿滿窒息感，堅持實現夢想卻茫然失措的苦痛，都不是愛情的甜蜜可以彌補得來的，更何況就算是面對最親密的人也會有說不出口的心事。

莉香要求的愛情濃烈而純粹，完治根本辦不到，她以為自己退讓了很多，其實要求了更多，對完治來說那是難如登天的條件，兩人之間根本對不到同一個頻道上。

在莉香的面前，完治的情緒根本是透明的，他不開心時皺眉、開心時大笑、面對兩個女人時的為難都清清楚楚，絲毫不懂遮掩，這樣的坦率時常弄傷莉香。

只是她沒說，更多的時候她都用懂事的笑容掩蓋了一切疼痛。

完治從來沒有弄懂過莉香，否則兩人之間最後也不會只留下空蕩蕩的月臺了。

我在急著想搞懂愛情的年紀認識了莉香，以為想在大都市生存下來就要活得像她一樣——對工作全心投入，對愛情勇往直前，對待身旁的人親切開朗。

那些年我卻只學會了她的逞強、不認輸、不輕易示弱，沒學到她對愛情的勇於表態。

在太心急著想要長大的年紀裡，活成了連自己都不認得的樣子。

跟莉香走散了這麼久，這一路上我遇見了一些其他的人，教會了我其他的一些什麼，現在的我已經比從前多懂了一點愛情，回過頭去看莉香，很是心疼她，好想問問：

「總是在笑著的你不累嗎？」

更想抱抱她說，「示弱沒有關係，如果男人因為這樣離開了你，那是他根本不值得。」

在雨天不替你撐傘，也不願意一起淋一場雨的人，就讓他走吧。

他不值得你放晴後的光彩奪目。

我身邊充斥許多如同莉香這樣示弱功能硬化的男男女女，對他們來說示弱像是一種把柄，這把柄一旦落入誰的手中就要承擔可能被傷害的風險。

這樣的人不習慣在別人面前輕易軟弱，與其說是好強，更明確地說是不相信不夠堅強的自己會被喜歡。

擔心脆弱的自己太過麻煩，不可能被誰完全接受。

他不相信脆弱的自己能夠被人喜歡，以為只有開朗活潑、善解人意才是唯一活路。即使在心愛的人面前都不能夠完全卸下防備，羞於表現低潮，更不敢撒嬌，盡情當個幼稚的孩子。

永遠隨和、散發溫暖與正能量，總在幫別人解決問題，滿滿的心事卻找不到一個足以放心的樹洞。

只能任由自己默默敗壞，再用力地讓自己慢慢變好。

他想找到的不只是那個可以互道晚安的伴，更要能一起扛生活裡的難，耐心撫平那些開不了口的痛。

讓那些過不去的過去，都用一次次全新一天的那句早安寬慰。

完治，你喜歡東京嗎？

在這部經典日劇《東京愛情故事》裡，莉香帶著一貫燦爛到讓人睜不開眼的笑容問。

喜歡呀～但愛媛比較適合我。

完治依舊愁苦的表情，用想說的話都表達不清楚的樣子回答。

這樣兩句看似生活的對話，卻簡單讓我們明白了「相愛容易相處難」的道理。

莉香對完治來說是吃力的東京，喜歡但難以親近，更讓他難以喘息。他適合簡單的愛媛，在這大都會努力卑微地求生存的他，需要的是同樣來自愛媛，見過他所有的愚蠢、可以不費力地相處、熟悉他所有坑疤的里美。

喜歡一個人卻不見得會跟他在一起，最後的選擇是那個自己最需要的人，這樣的道理是當初的我無法明白的，如今我也懂得灑脫放開那雙手了。

關於他的那些
二、三小事

口是心非症候群：
心往往比你還早知道，總是為了誰懸在半空中。
眼也比你還快投降，看見了誰會捨不得把視線移開。
只有倔強的你還在嘴上否認，騙過了自己卻騙不了全世界。

都已經三月天了，還來了一場場寒流，把我們困在這個冬季總是
灰暗多雨的城市。
但這對我來說算不上是困擾，尤其是當我正好整以暇地喝著熱熱
的抹茶拿鐵，從頭到腳都包覆著暖意。
但在我面前的大男孩眉心卻糾結成一團，黑著一張臉。
「Tomoko 說她喜歡我⋯⋯」
他說出這句話，臉好像越來越黑，還是室內燈光太昏暗的關係？
我臉上的表情沒有一絲一毫變化，連眼睛都沒有多眨一下。
「早該發生啦～」我又啜了一口熱的抹茶拿鐵，嗯～好幸福～
「但是⋯⋯」他停頓了一下，好像在思考適當的話來表達自己的
心情。

「我不知道自己是不是喜歡她……」

這一男一女認識半年了，這半年來兩人互動得相當頻繁，大家都覺得他們之間出事是遲早的事。

只是，我沒料到會是女生勇敢地踏出了第一步。

「我根本沒有把她當女生～我當然知道她很不錯，但是……我也說不上來……」

聽到他說的話，我笑了～

「你的意思是說，她這麼man，根本不是你的菜？」

「也不是這麼說……」

大男孩不停搔著五分頭，詞窮得不得了。

「她～這個女人，很龜毛……辣的不吃、炸的不吃，不愛吃肉只愛吃青菜，而且很愛喊餓，卻又吃一點點就說飽了、不吃了，全部丟給我～

明明膽子很小，卻愛拉著我去看恐怖片～然後一演到恐怖的地方，不但不敢看，還邊尖叫邊打我……

她常罵我講話很無聊很冷，每次我說了一個很讚的笑話，她都不笑只會瞪我……

她很愛亂買東西，嫌我腳臭就跑去買除臭鞋墊，嫌我是汗包就跑去買了一堆手帕……拜託！用手帕多娘呀～

而且，而且……她很愛生氣耶～愛生氣也就算了，還氣到會把鼻孔撐大～很醜耶～」

才說他詞窮又劈哩啪啦說了一堆。

我屈指數了數說：「五個～」

大男孩茫然地看著我。

「五個？五個什麼？」

「你剛剛說了五個關於她的小事，這些瑣碎、細微的小事，是別人不知道的，也是別人根本不會注意到的，更別說會去記得的無聊小事。」

我停了下來，喝了一口熱熱的抹茶那鐵，給他一點時間想想我剛剛說的話。

「所以，你告訴我，你到底喜不喜歡她？」

遲鈍的何只是他？

許多人在面對感情時都一樣遲鈍，明明跟朋友聊的話題裡滿滿都是他了，卻還說：「拜託～我怎麼可能喜歡他？」

我要的是心動的感覺，我要面對著他時會呼吸不過來，連心臟都會漏跳好幾拍。

我根本不喜歡他呀～只是覺得跟他在一起時很放心。

但是，你知道自己說了多少關於他的種種無聊小事嗎？

無聊到朋友都頻頻打呵欠了，你還不肯停。

那你告訴我，你到底喜不喜歡他？

跟他分開後走路回家的路上，我接到大男孩傳來的訊息，內容是這樣寫的：

「第六個關於她的小事：和她在一起的時候，我都很開心，總是在笑……」

愛的關鍵字

口是心非症候群：

心往往比你還早知道，總是為了誰懸在半空中。

眼也比你還快投降，看見了誰會捨不得把視線移開。

只有倔強的你還在嘴上否認，騙過了自己卻騙不了全世界。

「愛的關鍵字」這個名詞是小花某天跟好友阿妹瞎聊時脫口而出的。

「每個人都有自己的『愛的關鍵字』呀～就是當對方說出那個關鍵字的時候，你的心裡頭會有『啊～』的一聲，然後應聲倒地，立刻棄械投降。」

小花一臉篤定地說著自己的看法。

「尤其是女人……」

面對著陷入思考的阿妹，小花又繼續補充說明。

「每個女人心中都有要再減去的那『五公斤』，也都一定知道自己的『愛的關鍵字』。」

小花邊說邊堅定地點著頭。

小花人如其名個頭嬌小美麗如花，她個性獨立，每每出現都扛著大過她半個人的手工皮製包包。包裡塞滿了她覺得一定、肯定會用到的東西。

小花是個工作忙碌的女孩，但不管再怎麼忙一定會抽空去看電影。她看電影很專注還會做筆記，而且很容易入戲情緒跟著起起伏伏。

「我們剛剛看的那部電影，你不覺得很感人嗎？」小花邊打著右轉方向燈，在送阿妹回家的路上紅著眼眶說。

「感人……？」

阿妹怎麼樣也想不起來剛剛那部電影有什麼感人的地方。

「就是那怪物衝過來的時候，小男孩擋在小女孩面前說要『保護』她呀！」

小花在自己小小的車子裡激動大喊。

「『保護』這兩個字顯然就是小花的『愛的關鍵字』。」

阿妹心想。

「只要一聽到有男人說『我會保護你』，我就不行了……」好像在回答阿妹的疑問一樣，小花繼續激動地說著。

但會不會有些女人根本說不清楚自己的「愛的關鍵字」，也確實對自己的身形不滿意卻說不上來到底還要減去幾公斤呢？

比方說阿妹。

阿妹有點孤僻，不喜歡不熟的人跟她裝熟，總之，她難搞。

跟一個男人曖曖昧昧了幾個月，男人心思細膩而且對她極好。

相處的過程中，男人察覺到她其實膽子很小，什麼都怕，她怕黑、怕鬼、怕小強。

但偏偏她一個人住。

於是倒楣了男人，有一陣子常要到她住處幫忙處理「疑似」出沒的小強身影。

那天，為了感謝男人，阿妹買了宵夜跟酒，兩人在沙發坐著閒聊時，男人要她緊握左手成一個拳頭。他看著阿妹的拳頭，慢慢地說：

「你知道嗎？聽說人的心臟大小，就跟自己握住的拳頭一樣大……」

阿妹偏過頭看著男人黝黑、還比自己大了至少一半的厚實拳頭，男人又說：

「你的手好小，難怪你什麼都怕……」

聽到男人這麼說，阿妹的心立刻暖了起來。

事後回想起來，她覺得自己就是在那一刻愛上男人的。

你，明白自己的「愛的關鍵字」嗎？

誰要過什麼情人節？

口是心非症候群：
心往往比你還早知道，總是為了誰懸在半空中。
眼也比你還快投降，看見了誰會捨不得把視線移開。
只有倔強的你還在嘴上否認，騙過了自己卻騙不了全世界。

華人的新年要過兩次也就算了，連情人節都有兩個，這簡直就是被詛咒了。

一個情人節已經夠要人命了，好不容易熬過去，感覺元氣都還沒恢復呢～半年不到，不囉唆又來一個。

兩個情人節當中，又以二月的情人節殺傷力最大。

只要二月份一開始，所有媒體就會盡責地提醒大家很多事情……

「哇～浪漫的情人節要到了，要送對方什麼禮物呢？」

「哇～浪漫的情人節要到了，要去哪裡吃大餐慶祝呢？」

「哇～浪漫的情人節要到了，哪家飯店或 Motel 有特惠活動呢？」

對沒有情人的人來說，就算早已經夠麻痺對這些事情都可以視而不見，但該死的情人節倒數前一週，還是避免不了所有症候群會開始發作。

失眠、焦慮算是比較輕的症狀，如果你發現自己看到粉紅色或心形物體就想開槍掃射的話，那就算是有暴力傾向的重症患者了。

好不容易熬到了情人節這一天，做什麼樣的裝扮出門是另一個難題。

根本不期待這一天的人自然也沒有心情特地為這個恐怖的節日打扮，那……就隨隨便便出門吧～

睡衣外面加件羽絨衣，沒人可以相互取暖的身體，至少可以靠羽絨衣暖和一下吧～

等等……但這不是擺明了自己今天晚上沒有局嗎？

那改變策略，好好認真盛裝，就算不是為了任何人，也算是為城市的景觀負起點道義上的責任好了。

認真穿搭後到公司，還免不了被其他人用揶揄或是羨慕的口吻問：

「哇～穿這麼辣～今天要去哪過呀？」

度秒如年的這一天，你看著快遞送來一束束刺眼又庸俗的鮮花，再轉頭看著社交軟體上一片片哀鴻遍野。

天堂地獄都在你身邊上演，而偏偏你是置身在煉獄……

前男友有禮貌地傳來簡訊祝你情人節快樂，眼前浮現的是他的手環抱著年輕美眉二十三吋的腰，送上 LV 包包的影像。

曖昧了三個月還遲遲不表態的對象，好像是在跟你比賽「今天誰沉得住氣」什麼屁都沒有放，躲在 Line 上跟你遙遙對峙著。

忍住！忍住！女生要矜持，你不停提醒自己，**今天可是情人節，**

換作是平常也就罷了，只有今天絕對不能比他先開口！

整天的情緒就在這樣詭異的氣氛中上上下下、起起伏伏，好不容易熬到了下班，總之快快逃回家吧～

不要去看路上情侶一張張甜蜜的笑臉，危險～到處都是空襲警報呀～

第二天你醒在淚濕的枕邊，揉去眼角的眼屎，踢翻腳邊的紅酒杯，看見了溫暖的陽光。

怪事發生了，前幾天所有詭異的症候群完全消失了。

上班途中，你看著一個個擦身而過的行人，不再感覺他們的敵意，不再覺得他們看穿你的孤單。

人人兩眼發直，宛如吸血僵屍般不停往前走，你恢復自信，覺得自己美得不得了，繼續開心過日子，直到下一個情人節再度來襲之前，你相信自己都還是可以過得很開心。

誰要過什麼情人節？我只想過有你陪伴的平凡的每一天。

單身有罪

先天性單身體質：
不曾刻意決定也不是有意的選擇，單身成為你的先天性體質，陷入戀愛的症狀讓你簡直生存困難。

單身有罪嗎？
當然有，單身的罪是全社會給的罪。

人類這整個社會對單身有多麼不友善呢？
前幾年的一則新聞，也許也會讓你心有戚戚焉。
根據消基會的調查，有不少吃到飽餐廳或是KTV，是不接受單身一個人訂位的，雖然有些業者不會拒絕單身者，卻會另外規定要加收一百五到三百元不等的費用。這樣的做法就好像是說：
「單身喔～找不到伴喔～你有罪喔～來！懲罰你讓你一個人吃飯唱歌更貴！」
當然業者的公開說法是，基於成本考量，他們也沒有辦法。
雖然這幾年出現許多以單人也可以消費為賣點的餐廳，愛湊熱鬧的人往往都還是成群結隊到場。

單身的罪惡會隨著你的足跡四處擴散。

當悠閒的週末你想要親自下廚，做些料理來填飽肚子，走一趟超市你會苦惱於食材的採買。

超市食材的包裝上明明白白寫著，分量適合二～三人，沒有恰恰好一個人分量的食材。就好像連食材都在嘲笑你：

「單身喔～找不到伴喔～你有罪喔～來！懲罰你！」

拿起食材，你考慮著租賃的小套房裡根本沒有冰箱，卻又不想硬吃二～三人的食物撐死自己，只好嘆口氣，把食材放回架上，繼續去吃那幾家能背出菜單的老店。

累積了幾天的年假你想出國度個假，問題來了，許多自由行的規章上，清楚寫著斗大的四個字「兩人成行」，你越看越頭昏，四個斗大的字體在你眼前飛舞了起來，邊大笑著說：

「單身喔～找不到伴喔～你有罪喔～來！懲罰你！」

不死心的你打給旅行社，怎麼樣都要在櫻花滿開的時候飛到東京，好的！你要一個人去也行，但不好意思，房間的費用一夜必須多收將近Double的費用，又是一個昂貴的懲罰。

單身有罪嗎？

當然有，單身的罪是政府單位給的罪。

面對提升結婚率與生育率的壓力，政府單位對單身者總是相當不友善，甚至到不惜出言恐嚇的地步。

三不五時就會有統計數據或是研究報告顯示：

「有配偶者比未婚者多活十六歲。」

「獨居及單身者比有伴者死亡率更高。」

他們沒說的是根據國外比較嚴謹的統計研究指出，對男性來說有配偶是一種保護，壽命的確會比較長。

因為在婚姻裡，女性往往負擔起較多的照顧責任，不僅要照顧先生和孩子，還得照顧公婆，諷刺的是婚姻對女性而言並不一定是長壽的因子。

面對這麼多不可確定的因素，怎麼還可以責怪選擇單身的人？

找尋人生伴侶並不是上菜場選青菜蘿蔔這麼簡單，單身的人面對不斷地威脅恐嚇，只會對婚姻更加排斥。

其實，結婚是一種選擇，單身也是一種選擇，各有各的為難與課題，誰都沒有比較好過。

社會整體的意識總認為結婚養小孩的人很辛苦，不管是職場或稅務上單身的人應該要多幫忙分擔一些。

那有心愛的人圍繞在身邊的幸福與快樂，為什麼就不必課稅呢？

那樣的滿足感又該如何量化分享給單身的人呢？單身者過節時的壓力與寂寞又該怎麼排解？

單身者生活上的不方便與無助，難道就不該被視為問題，只因為選擇了單身嗎？

更別提有些人根本不想單身，全都是不得已的呀！

人生本來就是一次次選擇造成的結果，不論選擇單身或決定結婚都各有課題要去面對，誰也不應該為難誰。

再說，**單身或已婚的狀態隨時可能改變，太過仗勢欺人，小心你隨時會成為當初嘲笑的狀態，到時候就會更明白對方所有的為難。**

你明白了那些總是炫耀自己有伴的言語，背後是羨慕你的自由自在，那些逞強說著單身也挺好的高亢語氣是用來遮掩孤單用的。

交換過眼神，你們會懂得各自的無可奈何，懂得為了維繫現在緊緊抓在手上的微小幸福要拚上多少努力，你們默默祝福著對方。

死前放不下的三件事

安全感短少：
安全感是一種無法量化的心理狀態，天生短少的人只知道不夠、只知道拚命去要，卻不懂得怎麼樣喊停，不懂得苦苦相逼只會把愛逼上絕路。

女人來到了如夢似幻的地方，放眼所及都是白色的、軟綿綿的雲朵，她懷疑自己來到了天堂。

來到天堂的這個念頭閃過的時候，除了讓她有一絲絲哀傷，也意外地讓她有點放心。

原來自己是個死後可以上天堂的人。

天堂沒有別的人，只有她到處溜達、張望著，過了沒多久，不知道從哪裡突然冒出了另一個身影。

這個人面容安詳、從容不迫地看著自己，她猜想是上帝。

這個念頭才剛閃過，對方微笑著點了點頭。

「你知道我在想什麼？」

這句話才問出口，女人就覺得自己的問題太傻，他當然知道自己在想什麼，他是上帝呀～

但，上帝是長這個樣子嗎？

「我是每個人想像的樣子，你想像中我長什麼樣子，我就是什麼樣子～」

這個說法她可以接受。

「我死了嗎？」她又開口問。

「為什麼會這樣想呢？」上帝用另一個問題回答她的提問。

為什麼會這麼想呢？

她突然回想不起來昨天、或者上一刻的自己在做什麼？為什麼會覺得自己死掉了？

「因為見到你呀～」

未經思索，她脫口而出。

上帝微微一笑，接著說：

「如果真的是你想的那樣，那你的人生有遺憾嗎？」

有遺憾嗎？誰的人生沒有遺憾？

早知道今天會死去，那麼昨天就應該多吃三球冰淇淋，反正來不及發胖了。

早知道今天會死去，那幾件貴死人的洋裝跟外套就應該刷下去，反正錢也不用還了。

早知道今天會死去，那天色狼主管又把手摸上自己的屁股時，就該把整杯熱咖啡往他的禿頭倒，反正不必再為那份微薄的薪水忍氣吞聲了。

早知道今天會死去，剛剛跟媽媽講電話的時候，就多讓她囉唆幾句了，不然除了自己，她還能找誰的麻煩？

媽媽……想到媽媽，她鼻頭有點酸酸的。

「你最放不下的三件事情是什麼？」

上帝突然拋出一個問題打斷她的胡思亂想。

「爲什麼又是三？」

她吸了吸口氣忍住淚水，看著上帝心想。

「三」是個很神奇的數字，用在商人的促銷手法「買一送一」與一對一的戀愛關係上，它是個多餘的存在，根本湊不成一個整數。

然而，世界上還是有些國家會需要「三」來當鈔票的面額，然而，用在生日願望上卻又顯得這個「三」出現得順理成章。

而這時候連上帝都要她說出三件放心不下的事情。

「我不放心我媽媽～雖然她的生活好像很忙碌精采，但是少了我讓她囉唆，我怕她人生頓失重心。」

她相信自己的離開朋友多多少少會難過，但至少他們的生活還有別的重心，對媽媽來說就不一樣了。

「還有嗎？」

還有嗎？上帝這樣一問，女人想起了他。

「我不放心他，我擔心在我死後他不夠傷心，卻也擔心在我死後他太過傷心。我擔心他從此不再愛上別人一直鬱鬱寡歡，卻也擔心他太快愛上別人轉眼把我忘記。」

他是女人交往快一年的男人，其實並不那麼確定他是不是那個對的人，但也許根本就沒有那個所謂「對的人」，只有一個最適合的人。

「你知道我受過傷，很深很深的傷，所以再也傷不起了。我這一輩子好像總是在等著身邊的男人來告訴我他愛上別人了，或者他再也受不了要離開了。」

女人突然自顧自說了起來。

「在遇見他之前，我並不知道自己會這麼依賴一個人。我總是努力維持著一個人也可以過得很好的狀態，這樣如果有人突然說要離開，我的生活就不會失去平衡。

但是他出現了，沒有攻擊性地慢慢介入我的生活，一樣樣接收我的倔強與獨立、我的失敗跟驕傲。他不在身邊的時候，我當然還是可以生活，但是，心就空了一塊。秋天的風吹過，冬天的雨一下，春天的花開了，夏天的大太陽，樣樣都有他的影子、他的氣味，生活裡發生的每件事都在提醒我他的存在。」

「第三件事呢？」她聽見上帝這樣問。

第三件事呢～她邊踱步邊努力想著，突然腳下一個踏空，她掉下去了。

從雲端跌下的瞬間，她醒了，迷迷糊糊中她看了一眼鬧鐘，想起這是個週日的早晨，睽違了一個月沒有任何邀約與活動，可以好好自己賴在家的週日。

她慢慢起身準備早餐，打了通電話給媽媽，持續聽著她說千百次不厭倦的叮嚀，邊發送訊息給男人。

「起床沒？我在吃早餐，是新口味喔～巧達起司貝果～」

喝了一口熱奶茶，女人抬頭透過落地窗往飄得很急的雲望過去。

第三件事呢？還有什麼放不下的？自己的人生好像沒有什麼了不起的遺憾呢～

她開心地揚起了嘴角，點上精油燈，讓柑橘芳香充溢她的小屋。

她提起筆，決定要寫下自己的心情。世事難料，如果自己離開得太倉促，得讓留下來的人知道，只要他們過好自己的生活，她的這一生其實沒有什麼別的遺憾。

雖然，她還是想不起第三件死前放不下的事，但回首到目前為止的人生，她確定自己是心懷感謝的。

她謝天謝地、感謝所有出現在人生旅程中幫助過、傷害過她的所有人，因為這些幫助跟傷害她才能成為現在的自己，而對於現在的自己她是萬分喜愛的，對她來說這樣的人生就足夠了。

牽手的意義

安全感短少：
安全感是一種無法量化的心理狀態，天生短少的人只知道不夠、只知道
拚命去要，卻不懂得怎麼樣喊停，不懂得苦苦相逼只會把愛逼上絕路。

世人常說女人在戀愛裡是貪心的，關於這點，女人的辯駁是：
「種種的貪心都是因為不放心，放不下不安的那顆心。」

戀愛中的女人有種種的不放心。

負面情緒來襲時，到底可以不可以，耍賴地一股腦統統丟給他，
到底他能不能承受得起一個熟女的不成熟舉動？

女人明白自己的愛有時太重，再健壯的胸膛也不見得能承受，於
是說服自己不如遊戲人間，卻又貪戀眼前這個寬厚肩膀的舒適。

女人猶豫著，想要放開好好享受，卻又害怕不能掌握的未來。

朋友說：「等錯誤發生的時候，你自然就會知道一切錯了，等到
那時候再來難過也還來得及。」

整理著自己情緒的女人，邊懵懵懂懂地面對著眼前的男人。

有一天，他們一起去看了場電影，送女人回家後，男人輕輕在她
臉頰上落了個吻，就轉身離開了。

走得倉促的男人，沒有留意到女人眼中的落寞。

女人回想起還在曖昧期的兩人，幾次跟男人走在擁擠的人群中，
害怕走散的她，會下意識緊抓男人的衣角，男人幾次回頭望向
她，她都感覺到好像下一秒，男人厚實的手掌就要圈住自己。
當時的她還不確定心中的想法，所以總是害怕著那一幕的發生。
害怕被逼著要去面對生死存亡的那一刻，害怕被男人逼在眼前
問：
「我們不要只當朋友，好不好？」
接著，女人又回想起幾年前跟另一個男人的離別。
男人說真正讓他死了心，願意放手讓女人走，是因為有一次兩人
走在東區漂亮的街景上，邊看著路邊的幾米雕塑，男人習慣地要
牽起女人的手，卻被她弱弱地避開了。
「你連手都不願意讓我牽了～」
男人邊說邊放聲大哭，在多日後八月底的午後，一場滂沱大雨
中。
男人說，他從這個動作明白了，女人已經就此死了心，不願意再
停留了。
於是，在女人不知道第幾度開口提分手的時候，他在心中默數到
十後，深深吸了口氣，開口答應了女人。
在那個八月底的午後，在那場滂沱大雨中，他們相擁嚎啕大哭，
兩顆心碎裂成片片灑落一地的聲音，迴盪著他們一起租賃的小屋
外的長廊，久久不散。

「牽手這個舉動，對我來說意義很重大，比上床親吻還重要。」

女人悠悠地對我說，接著喝了滿滿一口的抹茶拿鐵，聰慧的眼神看著我，促狹地說：「我是不是很奇怪？」

女人說，對男人而言，牽手或許是一種炫耀、一種主權宣示。

但對她來說，男人牽起她的手，是一種呵護的許諾，總能讓她打從心底被暖和起來。

「所以，你那天晚上的落寞是因為……」

聽了半天整個跟不上進度的我，忍不住插嘴提醒這個容易離題的女人，把她拉回原先的主題。

「因為他那天從頭到尾，都沒有主動牽我的手，而且，我連之前那種他意圖要牽的感覺都感覺不到……」

女人叨叨絮絮地說著，竟然紅了眼眶。

「拜託～」

我忍不住誇張地大叫。

「你們都上過床了～」

「那又怎樣？」女人用受傷的眼神，堅定地反問我。

那
又
怎
樣
？

我張大眼睛看著眼前這個女人。我知道她不是玩咖，甚至是個道德標準非常之重的傢伙。現在，我卻從她嘴裡聽到「上過床又怎樣」的言論。

女人繼續對著張大嘴、受到驚嚇的我解釋：

「牽手，讓我感覺踏實，讓我感覺被保護，讓我感覺他已經做好心理準備，可以面對未來可能發生的難題……」

女人還在滔滔不絕，我已經忍不住頻頻搖頭，打斷她。

「就算他再愛牽你的手，再貪戀你手心的溫度、手掌的細緻柔軟，你別忘了，當大難來到時他會不會放開你的手，光顧著躲回自己安全的巢穴，他的肩膀能不能扛得起重量，而不是把問題丟給你自己去面對，才是最重要的呀～」

女人不以爲然，學我搖著頭。

「這些我當然都知道，但是……我就是不開心，他沒有牽我的手！」

看著眼前這個女人，我沒辦法評論她到底是純情或放蕩，卻好像可以懂她這樣莫名的堅持，其實也只不過是反映了女人怎麼樣都不能被撫慰的「不安全感」。

被需要的錯覺
是沾滿蜜糖的鴉片

安全感短少：
安全感是一種無法量化的心理狀態，天生短少的人只知道不夠、只知道拚命去要，卻不懂得怎麼樣喊停，不懂得苦苦相逼只會把愛逼上絕路。

被需要的錯覺是沾滿蜜糖的鴉片，讓人奮不顧身陷在一段關係中，慢慢成癮無法自拔。

半夜兩點的手機鈴聲驚醒沉睡的她，即使腦子還昏昏沉沉的，她也清楚知道會是誰在線路那頭殷切地等著她。

他今天已經打了一整天的電話了，但女孩一通也沒接。

這不是男孩最後一次糾纏，也應該不會是她最後一次繼續不回應。

當年男孩對她一見鍾情並展開熱烈追求，兩人在一起不到三個月，她提出了第一次的分手。

「我根本不喜歡他，是因為大家都說我如果跟他在一起，他會變得更好，所以才在一起的……」

二十二歲的年紀聳了聳肩就想擺脫這段關係，但男孩放不了手。

沮喪的他用拳頭撞向牆壁發洩哀傷、用菸蒂燙手印記對她的愛。

輾轉聽說男孩慘狀的她來到了他面前，一身是傷的他抬起頭，張著布滿血絲的雙眼看著眼前的女孩，以為是幻覺。

「真的是你嗎？」

男孩連聲音都支離破碎。

怎麼會有人這麼需要她？

怎麼會有人失去了她就連命都不要了？

怎麼自己是這樣重要到可以主宰別人的生命呢？

她從來不知道自己存在的意義是如此巨大。

當年父母離異時，身為獨生女的她被兩方推來推去，沒有人出面爭取她的撫養權。從那以後她總覺得自己是多餘的、被厭惡的。

從來沒有人像男孩這樣強烈地需要過她。

女孩輕輕把他擁入懷中柔聲撫慰著，而自己心中那個總是躲在角落哆嗦的小女孩也同時被療癒了。

他們又在一起了，過了三個月，女孩又撐不下去了。

她清楚知道自己不喜歡他，只是需要那種強烈被需要的感覺。

她需要那樣的鴉片來壓抑強大的不安全感來襲時的無助。

當初是因為別人覺得應該要在一起而跟他在一起，現在是因為需要被需要而再在一起。

他們不停地分分合合，看似脆弱卻又有著密不可分的依存關係。

面對響個不停的鈴聲，終於，女孩按下通話鍵不耐煩地說：

「你到底想幹嘛！？」

「請問是 Sherry 小姐嗎～」

居然不是他，女孩心裡浮現了一點點失望的感覺。

「你哪位？」她依舊沒好氣地回應。

「這裡是警察局，你認識……」

警察局？出事了？！警察後面說的話她已經聽不進去，只覺得眼前一片漆黑，身邊的空氣瞬間被抽空，她連一口都呼吸不到……狠狠吸了一大口氣，她逼著自己冷靜下來。

「他酒後開車撞上了路樹，正在急救中，我們還沒聯絡上他的家人，但他手機的撥打紀錄都是你的號碼，所以我們只好通知你……」

女孩想起三天前又提分手時，男孩漲紅了臉大聲對自己哭喊著：

「你為什麼又要分手，我不要分手，我不想分手，我不能沒有你呀～你不信嗎？我可以為你死呀～」

電話一丟，女孩衝出了門，邊放聲大哭邊在心裡狂吼：

「他不能死！誰准他死？！他死了，誰還會像他那麼需要我？」

無法忍受跟他相處，卻又需要他這麼需要自己，這……是愛嗎？

她以為她很美麗

孤單不耐症：
就算明白生來死去的時候，我們都只是孤孤單單的一個人。
但是，因為曾經有過不再是一個人的時候，所以當又回到一個人時，
日子會變得特別難過，而一個人的狀態就變得再也難以忍耐。

她以為她很美麗。

她這樣的以為並不僅僅是單純的自我感覺良好，而是從小、從別人讚歎的眼神、無微不至的疼惜中累積而來的自信。

她的外表美得無懈可擊，雙眸又大又圓，臉蛋大小恰如其分，全身肌膚吹彈可破、白皙嬌嫩，這樣的孩子從小就能輕易得到所有大人的寵愛。

每當她跌倒了，大人們總是緊張地聚集到她身邊，心疼地抱著她，邊拍打著其他東西說：「壞壞～」

是地板壞壞讓她跌倒。

是玩具壞壞讓她跌倒。

是其他東西的錯，不管發生什麼事都不是她的錯。

都不是她的錯，誰教她天生如此美麗惹人疼愛。

日漸長大後的她還發現，當自己哭鬧得越大聲，吸引到的關心跟注意就越多。而且只要她開口，從來沒有得不到的玩具或點心。

於是，她越來越仗勢著自己的美麗。

到了青春期，開始有第二性徵的她益發讓人難以抗拒。

她的四肢細長，胸部發育卻相當驚人，追求她的男生前仆後繼地湧現，她開始嘗到了「女王」般的待遇。

這些男孩都渴望一親芳澤，即使只是淺淺的微笑，男孩都願意為了這個笑容，肝腦塗地替她做任何事情。於是，她學會了支配、指使男孩。

誰教她美麗到令人難以抗拒的地步？

越來越成熟美麗的她，總是有一堆不請自來的護花使者，更熟一點的就自稱是她的乾哥哥。

她從不吝嗇開口明示自己的需求，對她有好感的男人總是可以找到討好她的方法。3C產品、名牌包包的餽贈、深夜專車接送，至於高檔餐廳更是吃也吃不完。

這些「示好」她接受得理所當然，是他們心甘情願的，畢竟自己是有原則的，也並不是誰的好意都接受，更何況自己的陪伴給了這些男人多少歡樂的時光呢～值得吧？

有一天她突然發現自己最在乎的那個乾哥哥，似乎很久沒有跟自己聯絡了，旁敲側擊打聽之下，發現他交了女朋友。

她二話不說立刻打電話過去一陣大罵：「我不敢相信，你居然敢

交女朋友？你居然這樣子對我？」

從此，她把這個人除名，再也不聯絡，反正急著獻殷勤的男人還多得是，哪差他這一個？

開始工作第五年，她被甩了，當時的男友愛上了另一個女人而要求分手，她不敢相信自己會遇到這樣的事情。

她氣沖沖地當面質問男友：「她比我美嗎？你為什麼愛上她？」

「她當然沒有比你美，但是跟她在一起，我很開心、很自在、很幸福。」

男友平靜地回答她。

面對這場失戀，她沒有傷心多久，因為她相信千錯萬錯都不是自己的錯，就跟小時候大人講的一樣，是這個男人壞，不是她的錯。

又在情場打滾了幾年，她認識了現在的老公，高大英俊的富二代，交往半年後他們結婚了。

結婚前夕她還特意打給前男友說：「謝謝你放了我，我才能遇見他。」

前男友在電話那頭輕輕笑了一聲，很有風度地祝福了她。

「你們呢？打算什麼時候結婚？」她還是很介意地問了這句話。

「還在打拚存錢，過兩年吧～」

聽到前男友這樣回答，她有種贏了的快感。

結婚五年後，他們生了個女兒，大家都說她的人生很幸福。

但是，只有她自己知道，「富二代」老公只是空殼子，其實家無

恆財，整天宅在家裡上網打電動不工作，經濟重擔都壓在她一個人身上。

每次下了班看著凌亂的家、窩在電腦前的老公，她總是忍不住破口大罵：

「你這個沒用的男人！一天到晚只知道打電動，反正你根本就找不到工作，乾脆一輩子打電動打到死好了！」

老公面對她不堪入耳的咒罵，早就習以為常，總是不動如山在原地繼續奮戰。

更糟的是，最近她發現自己又懷了第二胎。

還不到四十歲，她看著鏡子裡的自己，纖細的身形早就走樣，比懷第一胎前還胖了十幾公斤，她跟老公之間除了小孩已經沒什麼話可以聊，這樣的人生好像跟她當初想像的很不一樣……

她以為自己是真的美麗，卻不懂為什麼自己的人生那麼不美麗？

從來沒有人告訴過她，人是要經得起相處的，外表的美麗或許可以吸引一時，心靈的醜惡卻難以讓人多忍受一秒。

從此以後過著
幸福快樂的日子

幸福慢性疲勞症候群：

因為瑣碎的摩擦日漸產生的疲憊感，殺傷了你們的感情，刪去記憶中美好的曾經，只留下破碎的現在。

經歷過無數次的溝通無效，各種手段都嘗試過依然故我，讓你們之間從無話不談變成無話可說。

你是不是也陷入了幸福慢性疲勞症候群？

看著客廳地板上正反面各一、胡亂脫下的襪子，你麻木地彎腰拾起丟進洗衣籃。

你甚至已經不再抗議，「說了也沒用」只能疲倦地重複想著這句話。

你放棄了藉由溝通改變另一個人，而這個人是曾經誇下海口，要承擔你剩餘人生裡所有幸福的人。

沒有人跟你說過，結了婚以後會是這樣的。

才沒過幾年，白紗宴客時的喧鬧，只剩下難以承受的煎熬。

如果說一個人時的寂寞是空虛，那兩個人時的寂寞就是無止境的

空隙，蔓延在兩人之間隔出了一片海，誰也無力跨越。

每個絢爛奪目的童話故事最後，總是以一句虛無的「從此以後過著幸福快樂的日子」結尾，在這麼多年以後你才明白那是全世界聯手的一場詐騙。

而你本人是逃避不了的幫兇，是你說服了自己這次會跟以往的那許多次都不一樣的，那時的你傻傻相信那雙眼神裡的愛情，帶著所有的勇敢隨他踏進了婚姻。

沒有人可以預知結了婚之後的王子與公主會發生什麼事，卻總是信口給出了天長地久的祝福，眾人當然更難以料到這一段愛情是不是夠幸運到，可以逃得過柴米油鹽的損耗。

結婚不是按上一個句號，參與其中的這兩人就可以光速前進到白首偕老。

婚姻還有日日夜夜歲歲年年的相處，這磨人的漫漫過程才是身在其中的人，悔恨應該死守單身的原因。

你們之間從無話不談變成無話可說，一旦脫口而出肯定盡是太過情緒化的字眼，你只好讓自己沉默。

沉默一旦習以為常就會讓人再也開不了口，以前嘰嘰喳喳總是停不下來急著跟他分享各種無聊日常的你，如今一天下來卻連一句話都懶得開口。

你甚至不再認得他了，看向他的眼神空洞到可以放進整個宇宙。

怎麼會變得如此陌生，一開始你是很確定可以牽著他的手一輩子都不想放的。

你們之間是從什麼時候開始荒腔走板的呢？

過去那三千多個日子的朝夕相處，竟然還不能夠真正認識一個人？

那些攜手了一生的伴侶是通過了磨合，還是認了命？

赫然發現他根本不懂你的那一瞬間，你受到了不小的驚嚇，曾經以為被捧在手心寵溺著統統是自己的錯認，面對人生的難題他根本無心承擔。

錯認的幸福比錯過的幸福還要傷人，卻也帶著更多的坦然，畢竟都盡力了。

他不再擔心你了，是你難以承受的失落。

擔心一個人是刻在心上的習慣，是記住戀上對方時的最初模樣，如今他太放心這段感情，對你放下了心，放下了必須要有的關心。

對他你也是放心的，你只有在他面前最放心、最沒有防備，能夠交出真實的自己。

你的放心是交心，交出自己的真心，他的放心卻是把你放到一旁，繼續別的追求。

你要的不是分分秒秒的呵護，而是感覺被在乎的疼惜，是明白兩人一起的未來確實妥當地擺在他的心上。

你要的不是在一段關係中始終要緊張對方，而是成為刻在心上的習慣，天轉冷了惦記著你有沒有記得添件衣，忙上一整天是不是

又略過了正餐，是呼吸之間會想起，是血液流動之中被記得。

是這些日常看似不重要的問候，累積成了在乎的習慣。

戀愛時體貼與在乎，落實到婚姻是記得與掛念。

兩個人在一起當然還是有各自的人生要經營，你也不想要時時刻刻被注視的逼迫感，但他的漫不經心已經讓你覺得往後的人生似乎不見得需要他也在場。

幸福不只是突如其來的感動，更應該是日積月累的關照以及被理解的憐惜。

放手自己曾經認可的未來很難，是因為那也否定了這段時光裡真切愛過的自己，你們曾經那麼好，你原本很有把握能夠好上一輩子的。

在幸福中因為瑣碎的摩擦日漸產生的疲憊感，殺傷力驚人，可以輕易刪去記憶中美好的曾經，只留下破碎的現在。

這樣的疲累是怎麼產生的呢？

是無數次的溝通無效，是各種手段都嘗試過依然故我，是無法理解對方的堅持。

婚姻為什麼會是愛情的墳墓呢？

走入婚姻之後愛情必死無疑嗎？

是拒絕為「我們」改變、否定「我們」重要性的人，扼殺了「我們」。

最深沉的悲傷不是愛情真的在婚姻中死去了，而是我們曾經就是愛情，如今卻急著放開對方的手。

原來抵達幸福的彼岸最難的不是做到而是繼續。

繼續記得設身處地，繼續理解對方的底線。

那些你以為這又沒什麼的大驚小怪，偏偏就是對方最忍受不了的雷點。

被瑣碎的日常折磨垂死的愛情，往往都先經歷了撕心裂肺的掙扎。

那些你以為的理所應當的做到，都是他為愛的每一次繼續堅持。

沒有誰會一直在原地等待，當存夠了失望，轉身只是遲早的問題。

原來，婚姻中最難的不是一直愛著對方，而是不要忘記曾經多愛對方。

問問自己，你曾經答應過他的幸福，都做到了嗎？

聽話很重要

相處後天麻痺症候群：
什麼時候變成了從相敬如賓到相敬如冰，我們之間再也沒有我們，只剩下了，我和另一個人。

「聽話很重要。」
這是看完江國香織《像樣的不倫人妻》短篇小說後，第一句浮現在我心裡的話。

在這裡「聽話」的意思不是指「順從」。
雖然書中的主角人妻美彌子非常順從，而且「順從」是每每有人問起她老公浩對自己妻子時的形容。
因為這是美彌子個性裡浩最喜歡的優點，根據作者的描寫是這個樣子的。
在這裡，我指的「聽話」是指**聽別人說話**。
這位人妻美彌子其實是個很傳統的家庭主婦，她沒有出門工作，但光是家裡的雜務就讓她忙到不可開交，而且她很要求自己一定要過得「像樣」。
怎樣才算是「像樣」呢？就是無論何時看在誰的眼裡都不丟臉，

這是她生活的信條，甚至可說是她人生的信條。

她每天按表操課，不管是打掃家裡、幫盆栽澆水或是準備晚餐，
總之她每天都在心裡幫自己訂下了計畫表，如果沒有一項項打上
大勾勾就會不舒坦。

但她也不是不知變通的人，每當有鄰居來串門子或親戚朋友突然
來訪，她會彈性改變心中的計畫表，拿出放了一些裁縫物料的萬
用籐籃，邊陪著訪客聊天，邊讓自己還可以做些什麼。

她覺得這樣在訪客眼中的自己才是「像樣的」家庭主婦，一點也
不怠惰。

美彌子就是這樣一個很要求自己必須像樣的女人。

這樣一個女人在老公下班回家後，會一一報告當天發生的事。

其實老公浩很高興妻子美彌子會把當天發生的種種事情跟他分
享，他認為「這是太太生活愉快的象徵」。

他雖然喜歡聽，但從來沒有真正在聽美彌子說話。

他像一般男人一樣發出一些無意義的聲響「嗯～」「喔～」，當
作有在傾聽的表示。

但他不僅常常話只聽了一半還很常張冠李戴，擅自把故事主角替
換成他認識並且覺得安全無害的對象。

更糟的是，當美彌子專注聽他說的話、提出反問時，他常常沒給
答案就自顧自吃著飯、看著電視，讓話題就這樣莫名地結束。

這個根本沒有用心聽妻子說話的男人，即使在老婆說了「跟最近熟識的外國男人瓊斯一起去了澡堂」，還是沒有多大的反應。

以至於後來真的從別人口中，聽說了自己老婆跟瓊斯走得很近時，他怒火中燒，認定美彌子為了外遇說謊。

但天知道美彌子確實一五一十告訴了他，每個白天跟瓊斯一起去做的事情。

但為什麼輪到其他人跟他說這樣的事情時，他耳朵就張開了？

「美彌子覺得自己是個報告魔人，越是詳細地跟浩敘述白天跟瓊斯一起做的事情，她越覺得心安，覺得白天的自己到了晚上被浩守護著。」

這是美彌子跟瓊斯一起去了澡堂之後，江國香織描寫的美彌子的想法。

美彌子為什麼會覺得應該要詳細敘述？

當然是心有不安，因為她知道自己正在慢慢離開常軌，自己的心越來越偏向瓊斯了。

順從的人不表示沒有情緒，對於浩的不滿，她不抱怨也不生氣。

她只是在心中存疑，話只聽一半是怎麼辦到的？

剛剛跟他說的明明是瓊斯，怎麼他的回話又冒出了別人？

要不要重講一次？

不吠的狗不表示不會咬人，**長期被老公忽略的情緒，被瓊斯的專注傾聽滿足了**，於是美彌子越走越遠，終於走離開了那個安全、衣食無缺的家。

「羈絆」是日本人常用的漢字，形容人與人之間的情感牽絆。人跟人之間的情感，不管是朋友、情侶、家人，都是透過一點一滴說著、分享著瑣瑣碎碎的一切，連成緊密不可分的「羈絆」。

當你連發生在對方身上的事情都漠不關心，覺得索然無味時，這是一個警訊，提醒你也提醒對方，是時候停下腳步調整一下對待彼此的方式，努力找回初相識時百分百的關注吧～

聽真話的勇氣

相處後天麻痺症候群：
什麼時候變成了從相敬如賓到相敬如冰，我們之間再也沒有我們，只剩下了，我和另一個人。

人在死前總希望聽到真話，因為都已經死到臨頭了，要殺你的人往往會開口說出，真正的、他一直隱忍著，為何要頻頻陷害你，並且一直想殺你的原因。

這是很多電影裡常出現的情節。

「你知道我為什麼要殺你嗎？」

壞人一定會開口問這句話，看電影的我們常常覺得太扯，這根本就是在拖延時間，好讓主角想到妙計可以脫身或等待援兵到來。

但是，當事情發生在現實人生，甚至降臨到自己頭上時，你，有聽真話的勇氣嗎？

一對情同姊妹的好朋友，突然日漸疏遠了，被疏遠的 A 女一開始還不肯放手，依然頻頻示好，只是得到的都是冷冷的回應，甚至不理不睬。

「我很想知道，到底我踩到她什麼地雷，會讓她這樣子對我？」

她一臉苦惱地問我。

知道內情的我很掙扎，掙扎的是我不確定，她能不能承受得起我所聽到的直接話語。

「我當然知道要多討厭一個人，才會對他所有舉止都這麼厭惡，這些我還滿清楚的，但我不清楚的是，我到底犯了哪一條？」

無辜的大眼睛眨呀眨的～期盼我給她一個痛快。

「嗯……她說，她決定從此要跟你劃清界限、完全斷絕往來。」

我很為難地開了口，話都還沒說完，女人豆大的淚珠已經迅速滑落，我甚至都還沒說出 B 女要斷交的理由。

一對已經分手的男女，依然維持著偶爾互相關心的朋友關係。

這天女人身體微恙，男人在 Line 上表達問候。

「要去看醫生喔～吃飯的約就改天吧～」

「其實我是懷孕啦～」女人開玩笑地回覆。

「是喔～那十個月後見囉～」

「就算是懷孕也可以吃飯呀～為什麼要十個月後見？」女人不解地問。

「喔～我怕你有事會賴我～」

一看到男人的回覆，女人當下沒什麼反應，情緒慢慢發酵到了晚上，她怒不可抑。

「他憑什麼這樣回我？」

晚上快十點，她氣到不顧已經卸掉一臉精緻的妝，穿著家居服殺到我家來。

在他們交往的八年裡，兩人做愛的次數不到五次。

嚴格來說是「從頭到尾」一次也沒成功過，做不成愛的理由很簡單，就是男人根本不行。

女人多次軟硬兼施要陪男人去看醫生，一起解決這個問題，但男人永遠有不同的理由去解釋自己的「不行」。

「你今天太累了～算了吧～」

「你MC不是快來了嗎～還是不要吧～」

「不知道為什麼一想到要跟你做愛，我就很緊張……」

「噫～你從來沒說過想做愛呀～我以為你不喜歡～」

已經把女人視為未來媳婦的男方家長，每每催促著兩人結婚，女人總是遲疑著，後來再加上其他種種原因，兩人終於分手了。

「現在，他居然還有臉敢跟我開這種玩笑？」女人忿忿不平地說。

當真相大白的那天，對方不顧醜態地把話說明白，我不知道這兩個人是否有聽真話的勇氣？

「我討厭你在我們的朋友圈內，跟不同的男人搞曖昧，亂搞男女關係！」

「我也很想賴你呀～但你忘了，你根本不行嗎？這是我堅持要分手的重要原因！」

他們承受得起嗎？

輯一　別怕，是愛情啊！
聽真話的勇氣

我是你的誰？

被愛存疑症：
越是在乎越沒有把握，他愛我嗎？他不愛我。
唯一有把握的只有自己不能失去他。

二十九歲的她結過一次婚，不到半年，因為老公劈腿離了婚。

在認識現在的她之前，她才因為另一個女人的吻認識了自己。
吻她的女人也一直以為自己愛的是男人，一直到那個原本是戲謔
的、卻改變了她們兩人一生的吻。
這兩位初次攜手踏進「同樂園」的女孩，戀情持續沒多久就分開
了，兩人各自在摸索性向的道路上跌跌撞撞。
沒有寂寞太久，另一個漂亮的女孩主動在 Pub 吻了她。兩人經過
一番試探，開始密集約會。

不管是同性還是異性，戀情剛開始的時候，在自己眼裡整個世界
都變成七彩炫麗的，她當然也是一樣的藏不住甜蜜卻也一樣的沒
把握。
除了還在確定自己性向的迷惘，即便是同性，卻還是家庭背景、

個性、生活習慣，截然不同的兩個人，也許的確是有一些吸引對方的特色，才讓她們走到了一起，卻還是免不了要面對現實的磨合，在磨合期更折磨人心的還有那個「時間點」。

所謂的「時間點」，就是兩人的關係確定下來的那個點。

怎麼樣算確定下來呢？

在她來說，需要的不只是緊到喘不過氣的擁抱、持續撲倒對方的激情，或是噓寒問暖的體貼。

戀愛中的人都覺得自己好像喜歡對方比較多，在乎對方比較多，她也一樣。

雖然她不介意是比較積極主動的那一個，但是，她很堅持不能是先表態的那一個，因為……

萬一……你知道的，凡事總有個萬一。

萬一，對方並沒有那麼喜歡自己。

萬一，對方對自己的感情，根本沒有認真到那樣的程度。

萬一，對方沒有想要就這樣定下來。

萬一……

所以，雖然她很想早點釐清兩人之間的關係，卻希望那句話先從對方的口中說出來。

在這之前，她一直提醒自己要聽話懂事，不吵不鬧。

沒多久，漂亮女孩面臨必須到異地工作的難題，她提醒自己要懂事，不能隨便發表意見，那是女孩的人生，要讓她自己做決定。

所以每當女孩提到這件事時，她總是微笑傾聽。

但她心裡其實很著急，不想要女孩離開，要找到這麼喜歡的人，對她來說好難好難。

女孩要做決定的前幾天，她和女孩的室友起了一點小爭執，其實是無關痛癢的小事，女孩把她拉進自己的房間，安撫她的情緒。

女孩到底在說些什麼，她都沒有聽進去，只是不停想著：

「她真的好美～我好喜歡她，我不想要她離開……」

她的面無表情和毫無回應，讓漂亮女孩越來越心急。

情急之下，女孩捧著她的臉，輕聲細語地說：

「我懂～她只是我的室友，而你是我的女朋友，我當然應該站在你這邊……」

女朋友？她剛剛是說女朋友嗎？

「你剛剛說什麼？」

她像是大夢初醒般，睜大眼睛看著女孩。

「我說了什麼？」

女孩一臉疑惑地回想……

「嗯……我說……她只是我的室友，而你是我的女朋友，我當然應該站在你這邊……」

她一聽大樂，立刻給漂亮女孩一個深深的吻，漂亮女孩被她吻得喘不過氣來。

「你不准去外地工作，因為我是你女朋友，我說了算！！」

她突然霸氣地說。

漂亮女孩樂不可支地看著她：

「我還以為你根本不在乎我去外地工作呢～」接著回她一個綿密的長吻。

你可以任性，可以生氣，可以霸道，前提是對方要肯把你當成專屬於他的那個誰，他要在乎，這一切對你來說才有意義。

喜歡你的四個地方

被愛存疑症：
越是在乎越沒有把握，他愛我嗎？他不愛我。
唯一有把握的只有自己不能失去他。

戀愛中的女人喜歡問些傻問題，雖然可以增添生活樂趣，但有時候也難免弄巧成拙。

「你曾經問過你男人喜歡你哪些地方嗎？」娜娜微笑著發問。

小曼邊攪動著咖啡跟奶精，看著兩者慢慢混和在一起，邊回想著，然後搖了搖頭。

「沒有想過要問嗎？」娜娜很驚訝。

「好像剛在一起的時候有問過一次，但那也是 Summer 要我問的～」

小曼提到了兩人共同的另一位朋友 Summer，慢慢啜了一口咖啡，慢條斯理地回答。

「不會好奇嗎？不會想知道嗎？」娜娜又追問。

「我真的還好耶～但被你這樣一問，我突然很想知道～」

話一說完，小曼自己也忍不住哈哈大笑。

「那你回去問他喜歡你哪四個地方。」

「四個地方？為什麼是四？既然要問就問個夠本，乾脆問他喜歡我哪十個地方好了～」小曼豪邁地說。

娜娜搖了搖頭說：

「十個太多了，他會為了湊數亂說一通。」

「喔～」

小曼覺得有道理點了點頭，想了想又問。

「那為什麼是四個？不是三個？」

「因為，喜歡你哪三個地方很容易說出來，但是要講到第四個就比較難，會讓他認真想過之後再回答。」

娜娜笑著回答。

回到家小曼立刻纏著男人發問。

「ㄟ～我問你呀～你喜歡我哪些地方？」

週末的夜晚，男人本來癱在沙發上擺爛，正漫不經心地轉動遙控器，一聽到女人出招了趕緊整備戰力。

「幹嘛問這個？」男人懶洋洋地回答，但心裡已經有譜。

「就是想知道嘛～」

小曼嘟著嘴開始窩在他身上耍賴，本以為自己這招會奏效，沒想到男人好整以暇地反問她：

「那～我早上問你的問題，你還沒回答呀～」

「早上？什麼問題？」小曼滿臉問號。

「你早上不是脫光光量體重，一量完就很開心地說創了新低嗎？

新低是多低啊？」

小曼瞪大眼睛看著男人，一字一字慢慢說：

「我、才、不、會、告、訴、你！！」

「好呀～你不說我也不說～」男人也瞪大眼睛看著她。

這對情侶就這樣你一來我一往，對峙了一整個晚上，到後來不但沒有人得到任何答案，連愛也沒做就累到睡著了。

隔天小曼越想越不甘心，把這件事告訴了其他兩個朋友文文與小童，她們聽了覺得很有趣，也各自回去問了自己的另一半。

文文跟男友小黑交往了八年感情穩定，小黑已經過了而立之年，一心為事業打拚，每天都相當忙碌。

「ㄟ～我問你呀～你喜歡我哪四個地方？」

好不容易抽出空約會的小黑邊處理著工作，頭也沒抬迅速拋出答案：

「善良、可愛、活力、體貼。」

「啊～？那……頭髮呢？你不是說喜歡我一頭長鬈髮？」

沒有聽到自己心中預設答案的文文，豈能善罷干休？於是兩人也陷入了另一場爭執中。

小童跟阿倫交往即將滿三年，以結婚為前提交往的兩人共同的興趣是電影，都熱衷編寫劇本與拍攝短片，同樣的問題從萌系女孩的口中問出，會得到比較讓人開心的答案嗎？

「嗯～長得還不錯呀～」阿倫上下打量了一下自己的女友後說。

「長得不錯？」

小童聽到這樣的答案不是太滿意，雖然暗自開心著，卻又覺得男人這樣想很膚淺，他應該看到自己更深層的優點吧？

面對女友的進一步追問，阿倫想了想，皺著眉頭又說：「我以前以為你很溫柔、很天真呀～」

「以前？以為？那現在是怎樣？實際交往之後又是怎樣？」

萌系女孩小童瞪大雙眼，兇狠起來也是很有殺氣的。

提出「你喜歡我哪些地方？」這樣問題的女人心中自有標準答案，她想要聽到的是自己心裡已經設想好的答案。

她想聽到男人說自己美麗又大方，獨立又溫柔，還想聽到男人迷戀自己的外表卻又讚歎自己的個性。

只可惜懂得適時說出這些話並且乖乖就範的男人是少數。

但真正應該要想開的是女人自己，女人應該要在意的是自己的存在對男人的意義，而非頻頻追問過耳即忘的甜言蜜語。

很多男人或許沒有辦法準確地說出你真正讓他心動的地方，但是當你聽到平時拙於表達情感的他說出：

「因為你的出現，讓我想努力變成更好的人。」

「你有一種神奇的魔力，當你陪在我身邊總是讓我很安心。」

「我根本不在意休假的地點，只要有你的陪伴去哪裡都好～」

「我想好好照顧你，好好一起生活。」

聽到這些話不是反而更讓你踏實地感動嗎？

現在的決定 可以讓你 勇敢到多久的以後?

被愛存疑症：

越是在乎越沒有把握，他愛我嗎？他不愛我。

唯一有把握的只有自己不能失去他。

本來以爲《愛情藥不藥》這部電影是可以讓我盡情痛哭的愛情悲喜劇，但看完才發現完全不是這麼回事。

兩位主角演得非常之好，外型登對不說，幾場關鍵的戲，不管是女主角在床笫間高潮時的生理反應，還是深陷戀愛時的神情，或是男主角生平第一次要對人說出「我愛你」時兩人的對手戲，都表現在水準之上。至於，被大家戲稱吸睛程度百分百的裸露床戲，也都順著劇情的發展出現得非常自然，甚至可以用「可愛」來形容。

而這部電影眞正觸動我的是在愛情裡「面對現實的勇氣」。

男主角在一開始認識女主角的時候，就知道她是有病的、知道她雖然才二十六歲卻已經罹患了「帕金森氏症」。

醫學院肄業的他當然知道「帕金森氏症」是不治之症，而且只會越來越糟。

但是因為她美麗大方，更重要的是她只要求當下的快樂、不問未來，跟遊戲人間的他一拍即合。這兩個人只當床伴不牽扯感情，開開心心過了好一段日子。

但是，當男人開始動情，女人立刻快刀斬亂麻要求結束他們的關係。

她的堅持很簡單：「我不想要維持長久的關係，我知道自己有病，不想拖累任何人，不想要跟任何人有未來。」

面對第一次的別離，男人做了一個決定，要面對這段感情中的第一個現實：「結束遊戲人間的態度。」

他要認真地開始一段關係，他要她當他的女朋友。

「女朋友」這個名詞，其實何嘗不是女人一直在逃避的呢？

她當然知道「女朋友」包含了些什麼意思。於是，在她點頭答應認真交往的時候，硬是提出一些所謂的規矩：

「不准過夜、不准留刮鬍刀在我家、不准帶我回家見你的父母……」

這一切的規矩在兩人情感投入越來越深的時候，很自然地一一被打破。

男人的事業越來越順利，他覺得人生越來越光明，自己脆弱沒有自信的部分也都被女人溫柔地安撫了。

但是，身為一個藥廠業務員，在某天應酬完畢回到女人家中時，

卻看見了女人無藥可以控制病情的窘境。

這時候的他決定要面對這段感情中，第二個現實：「女人真的是有病的。」

其實我們都一樣，在投入一段感情之前很多問題自己早就知道了，只是到底願意在什麼時候去面對而已。

於是，男人開始積極上網找資料，帶著女人遍訪名醫，做盡各式各樣的檢查。

他好像到這時候才大夢初醒，真正願意面對這段感情中最無解的問題。但他努力想做到的女人自己早已嘗試千萬次。

終於，女人從無言的配合到不願再陪著他編織幻想、幻想自己的病情可以經由這樣反覆煩人的檢驗找到神蹟般的解藥。

又一次，女人提出了結束。

這次，女人慘白著一張臉，面無表情地說：「你不厭其煩地四處帶著我看醫生，只是因為你必須知道我的病是可以被醫好的，這樣，你才有理由可以繼續愛我。」

多麼殘忍的一段話，卻又多麼真實。

男人呆立在原地好一會兒，說不出一句話，這時候女人又開口了：

「先逃開的人並不可恥，你可以選擇離開……回去後就把你的東西都帶走吧～」

第二次的別離，痛徹心扉。

因為是真的愛上了，日子當然是不好過的。

男人的行情繼續往上攀升，得到了夢寐以求的升遷，即將要轉調去芝加哥，這次是真的要永遠離開了。

總是在這樣的關鍵時刻，老天爺會忍不住插手。

男人和女人在餐廳巧遇，又一次在彼此心中泛起漣漪。

整理著搬家的雜物時，男人回想起昔日的濃情蜜意，再次下了一個決定：「挽回這段感情。」

這是他第三次的勇敢，也是最難的一次決定。

坦白說這段劇情是最落入俗套的一段，很狗血的飛車追逐表白戲碼，甚至連最讓我期待的男人第一句開口的懺情告白，這種日後會變成經典的句子都弱到不行。但是後面的對話卻讓滿座的戲院，充斥此起彼落的抽面紙聲……

女人：「我以後還有很多地方得去……」

男人：「你還是可以去，但是恐怕我必須要揹著你去……」

女人：「我不能夠要求你這麼做……」

男人：「你不必要求……」

停頓了一下之後，他又繼續說：「**我不想成為一對完美無缺的伴侶，我只想要我們，你，這樣的我們……**」

於是，可以想見到最後的 Happy Ending，男人放棄了高薪跟高升的機會，回到醫學院就讀，兩人繼續快快樂樂過日子。電影就在一片虛幻的歡樂中結束了。眼淚都還沒擦乾的我，忍不住想問：「就這樣？」

就這樣嗎？面對人生中最難的決定，編劇就打算以虛幻的 Happy Ending 來帶過嗎？他們將來的日子並不會這麼好過，也許編劇只是想給對世間男女情愛失望的大眾，多一點點溫暖跟希望。

但踏實在過著日子、面對殘酷世界的每一個我們都知道，在愛情裡，面對現實需要很大的勇氣。

在初相識的一開始，我們都只想盡量延續虛幻的美好，對那些早晚該面對的潛在問題，總是下意識地逃避著。

畢竟，光是要做「愛下去」的決定，就已經夠讓人猶豫再三了，後頭這些讓人喘不過氣來、可能是無解的問題，誰想要在一開始就面對？

我知道他劈腿成性，花名在外，但是我相信自己可以忍受。

我知道她有公主病，驕縱又虛榮，但是我願意為她付出一切。

我知道他永遠闖不出什麼大事業，雖然我們家境懸殊，但是因為我愛他，我願意吃苦。

我知道她不符合家人對我伴侶的要求，但是因為我愛她，我不在乎。

但是你決定要愛下去的勇氣，可以讓你勇敢到去面對現實來襲的那一天嗎？

在電影裡，男人遇到的一位已經病發到第四階段，帕金森氏症患者的老公說：「我真的愛我老婆，但是，如果可以選擇，我不要再重來一次。」

所以他以過來人的身分，勸男人：「現在，就轉身離開吧～」

因為他知道再大的勇氣，也抵抗不了那樣的摧殘與折磨。

女人也對男人說：「先逃開的人並不可恥，你可以選擇離開……」

不肯轉身離開，除了割捨不下的情愛，也許還有絕大部分的原因是——我們只是不能夠面對那個，不夠為愛犧牲奉獻的自己。

但人終究最愛的是自己，現在的決定，到底可以讓自己勇敢到多久的以後呢？

當現實的殘酷逼到了眼前，當眼前的愛人帶給你的已經不僅僅是幸福、開心。

當一切都已經變質了，是你無力去承受與改變的時候……

轉身離開的人並不可恥，你當然可以選擇這樣做，只要讓對方知道你真心地愛過，這樣就夠了。

在那個寬厚可靠的 肩膀出現之前

戀愛過敏症：
在明白自己想要的是什麼樣的愛情之前，可能會經歷什麼樣的戀愛都
水土不服的階段，怎麼樣都愛得不舒坦容易過敏。

你曾經計算過一年可以認識多少新朋友嗎？
一年過去後，這些認識的新朋友中又會留下多少人？

不同的事件每天在發生，沒有警訊、不曾預告，就這樣篩檢、過
濾，到後來留在身邊的，大多就是 Tone 調相合的朋友。
這些朋友知道你的稀奇古怪，了解你總不容易被取悅、你的喜怒
哀樂她們不是經歷過就是正在經歷，所以懂。
她們有的陪你一起陷入黑暗扭曲的低潮，有的開朗陽光到不可思
議，總是適時給你溫暖。
她們的個性迥異，卻在你需要朋友的時候，同樣不離不棄。
這是姊妹淘，是我所理解的姊妹淘。

我最近身邊有三位姊妹淘陷入不同的人生困境。

有人想要轉換工作跑道卻又猶豫著將來,有人去歐洲旅遊被扒走皮夾,身無分文獨自流落異鄉,還有人正經歷一段不堪的戀情。

工作的轉換比較容易解決,聽她說說原本工作的困境,幫忙分析新工作的優勢,我們一起決定了一個她好像有機會更開心的未來。

去歐洲自助的這位,讓我提心吊膽跟著擔心了好幾夜。

一個人事業上的成功,並不擔保日常生活上的安穩妥當,她是一個典型到不行的例子。如果你肯一路跟在她身後,保證天天可以撿到最新的 3C 產品或名牌皮件。幾番來回聯繫與波折,我總算幫到了忙,解決了她的問題。

最後這一位比較棘手,因為是戀愛上的問題。

朋友的相識很玄妙,有些人認識了一輩子也聊不到幾次貼心話,有些則是「一見鍾情」。姊妹淘也許在血緣上沒有原生家庭手足之間的親密,但情感上的依賴有時卻遠勝前者。

我第一位轉換工作的姊妹淘,從認識到現在一直很親近,第二位生活白痴,在認識了三、五年後,因為工作上合作再度相遇並急速親暱,前兩人都不常碰面,而我這第三個姊妹淘認識不到一年卻「一見鍾情」,並常常膩在一起。

我們的生長背景有某程度上的類似,當下面對現實的壓力也幾乎

相同，所以我很能體會她種種的處境與心情。

她是個好女孩，有禮貌又懂事、不麻煩人，每天把生活打理得很好，工作能力強，不時總有挖角的機會找上門來。

前兩天在電話那頭，她用哭啞的聲音跟我說：「我好累……」

我們都一樣，嫌惡自己日復一日過著重複的生活，一週熬過一週，又繼續拖著疲累的身軀，雙肩沉重地面對職場上的紛擾。

我們都一樣，偶爾需要都市神話，說服自己要繼續相信愛情，需要旁人告訴自己此刻的心慌與無助只是過程，總有一天專屬的幸福會來到。

我們都一樣，失戀的時候，重複聽著心碎的情歌把自己逼到絕境，才能容許淚腺放心地鬆懈。

親愛的，在那個寬厚可靠的肩膀出現之前，在那個足以讓你安心休憩的懷抱來到之前，就靠著我哭泣吧！這是姊妹淘我可以做到的陪伴。

十年前的哈利波特，
十年後的自己

愛能力增生：

只有慢慢弄懂了自己的所有可愛，才能越來越愛自己也能好好去愛別人。

你還記得第一集《哈利波特》電影是跟誰一起去看的嗎？

當十年轉眼過去，大結局上映，當初那個跟你一起去探索魔法世界的麻瓜還陪在你身邊嗎？

她在一個雨不停的傍晚去看了《哈利波特》電影的最後一集「死神的聖物II」，這天距離她真正想去看的時間晚了很多很多天。

其實她不是哈利波特的忠實粉絲，沒有辦法對魔法世界裡的種種如數家珍。

其實她看完後也沒有滿腔熱血沸騰的感動，沒有逢人就強力推薦。

而且，其實她想不起來第一集《哈利波特》到底是跟誰去看的。

那為什麼一定要去看？

這十年來的《哈利波特》電影每一集她都看了，在不同時期跟不同的男人。

所以，她總覺得去觀看最後一集的《哈利波特》是一個必須要被完成的儀式。

所以，雨不停的那天傍晚，她一個人走進了空無一人的放映廳，坐了下來，完成了儀式。

一個人進電影院這樣的「壯舉」，十年前的她是辦不到的，但現在的她很享受這樣的安靜、不被打擾。

換成十年前，這樣的事情她連想都不敢想，但現在的她很自在於自己去看電影這樣的事情。

其實，不只是一個人看電影，就連一個人逛街、一個人用餐、一個人旅行，現在的她都怡然自得。

不知道十年前的自己如果知道十年後的自己，這麼適應「一個人」的狀態做何感想？

不知道十年前的自己看到十年後的自己還會不會認得？她滿意這樣的自己嗎？

但至少十年後的她很滿意現在的自己。

就像哈利波特本人應該也很滿意，十年後的自己終於可以勇敢面對「死亡」這樣的事情。

回到自己一個人的家梳洗完畢後，她連上視訊。

「好看嗎？」男人邊在宿舍加班打報告，邊跟她聊著天。

「說不上來好不好看，就是一個必須要去完成的儀式。」

「喔。」男人似懂非懂回應了一聲。

他們視訊時常常就這樣開著，有時候是兩人有一搭沒一搭聊著日常瑣事，或者把彼此丟著，專注做著手邊的事，又或者都在電腦前卻不發一語，雖然沒有說話，卻是很安心的狀態，沒有一絲絲急著找話題的尷尬。

自己可以這麼平靜面對一個人的狀況，是不是因為有他存在的關係？

她看著視訊另一頭的他這樣想著。

他有一股安定的力量，即使人不在身邊但溫度總是在。她喊他的時候，他總是回應溫暖的笑容，是她專屬的大太陽。

「怎麼了？」察覺到她陷入沉思，他關心地問了一聲。

「沒事呀～我很想你……」她甜甜笑著回應。

「下次放假回來想吃些什麼？」

「桃源街牛肉麵、素麵、東山鴨頭、小林麵店……」男人毫不遲疑地開出清單。

看著他開心的笑臉，她也跟著開心地笑了。

懂得滿足，幸福其實就很簡單，不是嗎？

你不必送花給我

愛能力增生：
只有慢慢弄懂了自己的所有可愛，才能越來越愛自己也能好好去愛別人。

看完演唱會的頭幾天，情緒總是容易沉浸在演唱會的氣氛中，很可能會在接下來幾天持續聽著相關歌曲，延續那份感動。

小美某次聽過一場滾石歌手拼盤的演唱會後，那些天不管在家、在移動中聽著的音樂都是滾石人的歌，不只是這樣，還賣力翻出沒有到場的歌手代表作，一併懷舊。

「你知道我在等你嗎？你如果真的在乎我，又怎會讓握花的手在風中顫抖……」

邊哼唱著張洪量當年的癡心情歌，她轉頭對著自己的男人說：

「不要送花給我～我不是喜歡收到花的女生，我覺得捧著一大束花走在路上很丟臉！」

男人被她沒頭沒腦的話弄得啼笑皆非，又聽著她叨叨地說起收過花的一些丟臉的往事。

「原來，不是所有女人都喜歡收到花喔～」男人恍然大悟。

「嗯哼～」她下巴抬得高高，用鼻孔發出了聲音，算是回答他。

「那你們女人到底喜歡收到什麼禮物？」
男人一臉疑惑，提出了疑問。

女人到底喜歡收到什麼樣的禮物？
我不能夠代替所有的女人回答「喜歡收到什麼樣的禮物」這麼具體的問題，只能告訴你，戀愛中的女人對於「禮物」這件事情的心態。
對女人來說，收到男人特地準備的禮物，當然是很開心的一件事，**但是收到「禮物」時那種被寵愛著、被關心著的感覺，才是萬分美好、無可被取代的。**
我相信大部分的女人不在乎「禮物」的價錢，更不會以「禮物」的價錢，去衡量這段感情。
更別提現在很多女人都是經濟獨立自主，也對自己寵愛有加。說真的，她們心中想要的東西，大多早已打包帶回家了。
我當然也聽過男人感嘆著，要送女人禮物是越來越困難的一件事。當禮物送到女人手上時，可以換得她們真心的笑容或雀躍的反應，這樣的狀況更是少之又少。
通常送禮物時會發生的真實場面，大多是女人禮貌地笑笑之後，男人還得自己補上一句話：
「發票在裡面，不喜歡的話，可以去換你喜歡的東西……」

親愛的男人，有時候女人要的，不是具體的一樣什麼東西。當你挖空心思準備的「禮物」附加上一些無形的東西，就會讓它更加無價。

有時候是一個承諾，或者一個讚美，甚至，一種讓女人覺得被關心的感覺。

比方說，這個禮物是她曾經提到過的細微瑣事，讓你引發靈感而去買的。

同樣是送禮物，女人送的禮物也許不會比較昂貴，但總是可以送到心坎裡，說穿了不過就是因爲女人細心，記性又好。

女人記性好，是因爲她在乎你們之間發生過的種種平凡小事，在乎你對她說過的話。當然，你也可以覺得，那是因爲她小心眼。

女人重承諾，是因爲當你對她說出承諾的當下，她已經開始在心裡描繪出，承諾實現那天的光景。當然，你也可以覺得，那是因爲她太愛幻想。

但是，男人，如果你光是不停說大話，瞎亂許承諾，滿嘴甜言蜜語，女人還是感受得到你的不誠懇。畢竟，兩個人的感情還是要落實到生活裡，落實到柴米油鹽醬醋茶，而不是如同偶像劇般天天都有哏的。

「女人到底喜歡收到什麼樣的禮物？」女人看著一臉問號的男人，笑著這樣回答。

親愛的，我知道你的記性不好。那麼，讓我提醒你，你不必送花給我，但是，當我開心提到你許下的承諾時，請不要反問我：
「有嗎？我有這樣說過嗎？」
這只會讓我覺得自己像是詐騙集團。

親愛的，我知道你不習慣說甜言蜜語。那麼，讓我告訴你，你不必送花給我，但是，請不要在我追著要一個讚美時，回答我：「你正不正？你是長得不歪呀～」這樣的幽默一點都不好笑。

我知道你時刻擔心我累著，總是惦念著我日子過得開不開心，甚至我生活上的大大小小事，你也件件要幫我顧到，你的這些貼心舉止，我都感受到了。但我還是想要告訴你……

親愛的，你真的不必送花給我，只要讓我感覺被寵愛、被關心，讓我知道在你心中，我是獨一無二，無可被取代的，這樣就夠好了。這些種種幸福小事，就是我最想要的禮物。

你願意娶這輩子的自己嗎？

愛能退化症：

總是覺得少了一點什麼、總是沒有辦法動心，其實就是時候未到，其實就是因為還沒遇到那個人。

其實也是太久沒愛了，慢慢地就忘了怎麼去愛一個人。

這是我很久以前聽來的一個故事，這個故事沒有開頭，沒有結局，結尾的時候只留下了一個問題問你。

「你願意娶這輩子的自己嗎？」

故事發生在東南亞的一個小國家，告訴我故事的人，是我多年前的一名室友，她的名字、她的臉，在我記憶中都早已模糊，我卻一直記得她說過的這個故事。

我很常想起這個故事，每當想起時就會告訴身邊的朋友，並且問問他們故事裡的那個問題。

我的室友曾經參加過類似農耕隊的義工工作，在某一年夏天他們到了東南亞的一個國家，教導並幫助當地的居民種植農作物。

在艱辛工作的某一天，他們一行人頂著毒辣的大太陽，正要越過一大片無邊無際的田地，長長的隊伍裡沒有太多聲響。

也許是連續幾天的繁忙讓大家都累了，隊伍拖得很長，而她落在最後面，疲憊地只能低著頭，麻木地跟著前面那人的腳步，偶爾才使得出一些力氣用手擦去額頭的汗。

她依稀看見在不遠的前方，有個大石頭很突兀地佇立在田地中央。走著走著，她距離那顆大石頭越來越近。

就在這個時候，那顆原本紋風不動的大石頭，居然緩緩動了起來，並且慢慢朝向她正面轉了過來。

她這時候才看清楚，原來那不是什麼大石頭，而是一位老婆婆。

老婆婆的年紀到底多大，說實在的她看不出來。

她的裝扮很普通，就是當地一般民眾的打扮，臉上的皺紋深淺交錯，她甚至不確定老婆婆的眼睛是睜開還是閉上。當她還在想，老婆婆為什麼要一個人頂著大太陽坐在田地中央的時候，對方突然開口對她說話了。

只說了那麼一句話，而且，說的還是一口道地流利的臺語。

短短一個問句，突如其來地丟出來，任性到沒有想要聽到她的答案。

她卻被老婆婆的話震懾住，呆呆地停下了腳步，怎麼樣也沒辦法繼續往前走，就這樣跟隊伍越離越遠。

說也奇怪，老婆婆對她說完那句話後，就緩緩轉過身去，恢復原來的安靜與姿態，沒有再開口。

直到其他隊員發現她脫隊了，才回過頭來找她，她也才回過神來繼續前進，但她的思緒早就被那句話給打亂了，久久無法平靜。

當時老婆婆問她的話，我現在要拿來問問正在看這篇文章的大家。

「查某因仔～如果，下輩子投胎轉世，你變成了男人，那麼，你會願意娶這輩子的自己嗎？」
如果你是女人，你願意娶這輩子的自己嗎？為什麼？
如果你是男人，你願意嫁這輩子的自己嗎？為什麼？
每隔一陣子，我就會想到這個問題，並且拿出來問自己。
問問自己願意嗎？願意的理由是什麼？不願意的理由又是什麼？

在感情中遇到困境的人，有時候會想：
「我這麼好，你是在遲疑什麼？你那麼壞，我是在捨不得什麼？」
把這樣的困惑拿來問問自己吧～
如果是你，願意跟這樣的女生交往嗎？也許你就可以找到，為什麼他遲遲不肯愛上你的答案了！

體貼卻不見外

親密感循環不良：
在瑣碎的日常裡死去的情感，就像沒有定期維修疏通的管線，放任疏
離與陌生感日漸累積，造成了親密感循環不良，最終堵死了一段愛
情。

白首偕老的感情讓人稱羨是因為過於稀少，稀少是因為很難辦
到。

每段愛情在一開始都有恨不得分分秒秒都要見到的甜蜜，日子一
久沒有花心思經營的感情，就會變成了甩也甩不掉的黏膩。

在瑣碎的日常裡死去的情感，就像沒有定期維修疏通的管線，放
任疏離與陌生感日漸累積，造成了親密感循環不良，最終堵死了
一段愛情。

伴侶之間的相處，最重要的是相愛的方式與頻率合不合拍，一旦
我的付出不是你要的，或者你的給予只帶來壓力，正是這段感情
發出的警訊。

警訊的產生需要的是兩人之間好好地溝通，想出彼此都可以接受
的解決之道繼續走下去。

沒有天生就合適的兩個人，磨合需要的是一起的努力而不是不耐煩的放棄。

在被稱為零負評的韓劇《我的大叔》中有一段劇情，清楚描述了大叔與妻子之間雖然相愛卻感受不到對方付出的無奈，也是許多伴侶後來離散的原因。

暗戀大叔的小女孩，因為捲入了公司的權力鬥爭被高層要求監聽大叔，這場相遇從監聽變傾聽，女孩居然成了最了解大叔的人。

他像是擁有了一切卻為了身邊的人拋棄了自我，為了符合旁人的期待放棄愛自己該有的任何努力。

在一場讓我印象深刻的對戲中，女孩質問大叔的妻子，怎麼會放下大叔這樣好的男人去搞外遇。

「你知道在他跟你的對話中，哪句話他最常說，每次聽到我也覺得最溫暖嗎？」

妻子搖了搖頭說不知道。

「有沒有要買什麼回家。」

一向面無表情、極度厭世的女孩，難得露出溫暖的微笑回想著。

「每當晚上他要回家之前，如果你在家他就會打電話詢問，有沒有要買什麼回家。每次聽到這句話我都覺得好溫暖。」

妻子聽到女孩這樣說，先是一臉茫然，接著淚如雨下。

因為一個小女孩的話，她突然清楚知道自己傷害了什麼，從此失去了什麼。

一句再平常不過的問話，卻是最親密的人之間才會有的問話。

正因為太過平淡普通，很容易被認為理所當然會一直存在。

有沒有要買什麼回家？

我們家有缺什麼？

這是大叔每天下班回家前最關心的一件事。

一段感情的失敗，兩個人都有責任，妻子要的從來不只是把家中缺的物質補齊，她要的是真正貼近的兩顆心。

她不只一次抗議過，自己從來不知道大叔的心事，沒有聽過他抱怨，也不只一次希望大叔可以多花一點時間在自己的小家庭，但原生家庭複雜的牽絆是他放不下的責任。

那是他的為難，沒有同樣成長背景的妻子並不願意試著理解與諒解。

兩人從來沒有大吵過，卻比經常爭執還要糟糕，兩顆無法認同與了解彼此難題的心只會越走越遠。

大叔以為自己該做的都做了，但面對妻子婚後與婆家之間的種種不適應，卻從來沒有好好面對與處理。至於原生家庭帶給他的沉重責任，公司裡無止境的鬥爭這些每天磨人的疲累心事，他選擇自己承擔，不跟另一半訴苦。

他以為這樣的體貼是愛，卻不知道對妻子來說這是見外。

在愛的人面前我們都需要一點不堅強與依賴，並不需要時時開朗完美。

兩人攜手要過的是一輩子的生活，不必總是懂事與退讓，適時地麻煩彼此、偶爾耍耍賴都是愛人的專屬特權。

生活瑣事的分享是種邀請，邀請對方進入自己的世界，慢慢理解你這一路走過的人生。

展現脆弱、需要依賴都是完全信任對方的表現，如果不是希望你介入我從今以後的人生，怎麼會願意讓你見到我的各種不堪呢？

在伴侶之間，「聽話」是一件很重要的事，不光是願意接受對方的關心與提醒，更是要把對方分享的心事和每天發生的平淡無奇小事都真正聽進心裡。

交往久了，激情難免淡去，取代而之的是了解與放心的感情，是這樣的細水長流帶著兩人走向一起白頭的可能。

不要吝嗇表現自己的在乎、不要以為吃醋很丟臉、就算你其實沒那麼介意──但願意表現出來的這些小小舉動，卻會讓愛人感覺到被大大地需要，也正是在愛情中很重要的小心機。

親密感是藉由這些你願意拋開無謂的自尊去實踐的舉動，才得以延續的。

請記住初初戀上時、怎麼樣都不想錯過對方的堅定，用那樣的堅定來維繫兩人之間的親密感，就能避開親密感循環不良的病症。

輯二
中度

愛情病

愛情本來就是一種病。

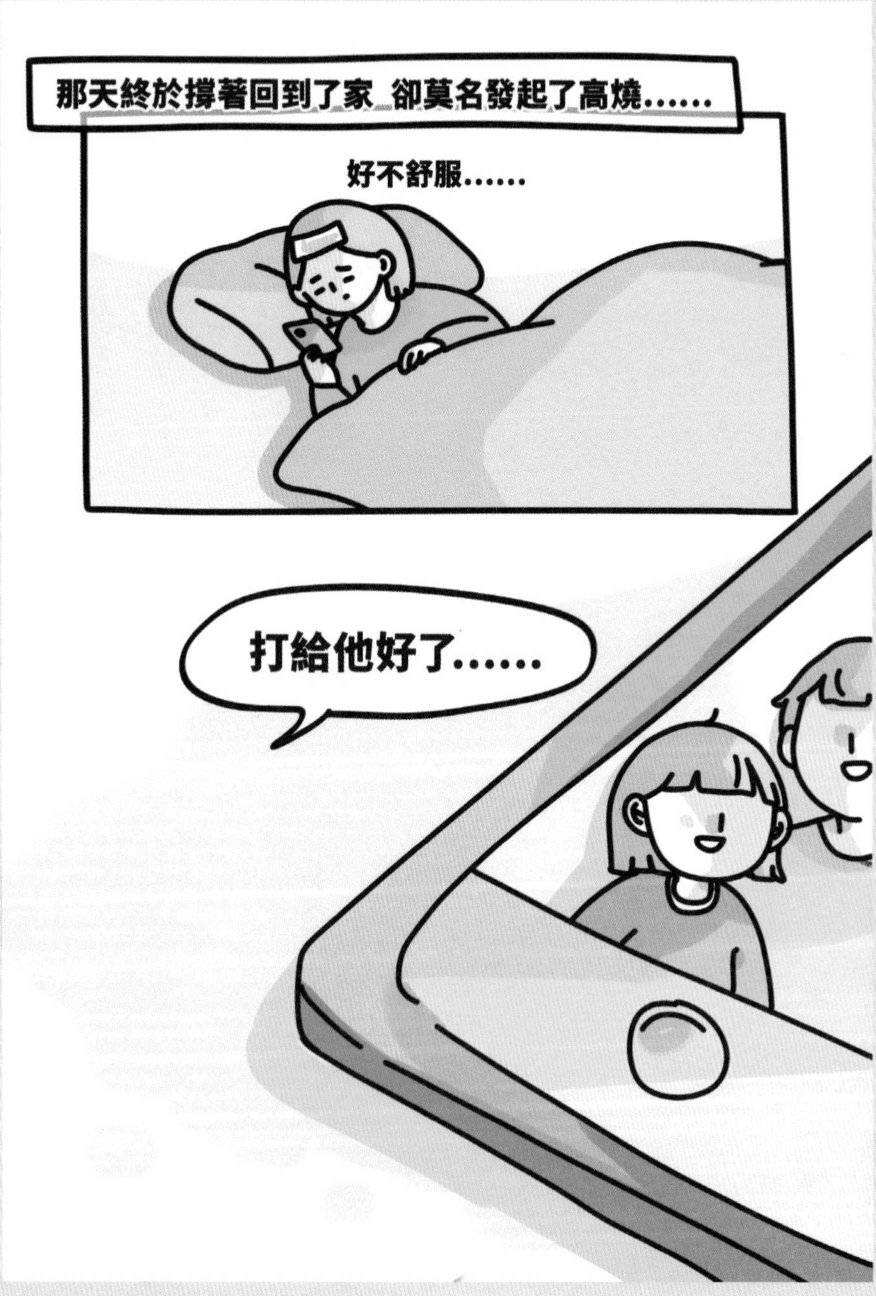
那天終於撐著回到了家 卻莫名發起了高燒……
好不舒服……
打給他好了……

迷糊之中你醒來了 房間內充滿著粥的香味

睡多久了我……

有好點了嗎？

原來 他早已半夜驅車前來照顧你
深深的愧疚感又湧現 覺得自己麻煩了他

早已獨立慣了的你總無法放心依賴

當突然被要求必須嘗試著依靠旁人

反而會失去安全感 對旁人的關心嚴厲拒絕

甚至過度劃清與旁人的界線

你不只一次被交往的對象抱怨過

我似乎一點也不重要

你從不要求對方接送 不必每天視訊通話
甚至忙起來也不見得需要見上一面

你總是把自己一個人過得太好了

好到對方總覺得不被需要 然後就散了

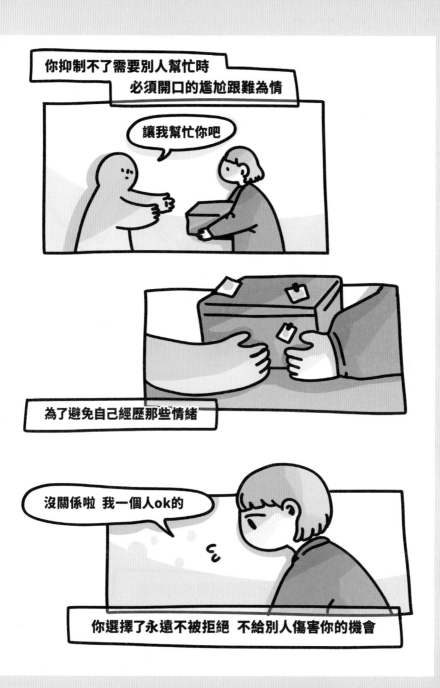

但是人與人之間的感情
　　大多是藉由相互的付出與幫助建立起來的

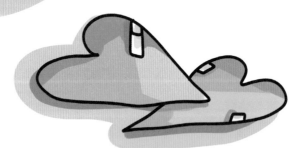

倔強拒絕對方的付出
　　當然無法維繫好一段穩定的關係

你不必豎起高牆隔絕旁人來表現自己的獨立

燒退了吧？

可以依賴對方才代表你願意完全交出自己

還是很不舒服的話
我們去看醫生好嗎？

那些你顧慮會麻煩他的瑣事
卻正是他被需要的證明

毫無預警的你又開始掉淚 但這次是開心

放下好強 你終於願意從坦白自己的心情
開始試著學會依賴

女人愛計較

小心眼肥大：

光用「因為太在乎」來解釋一切的無理取鬧，應該是不夠的。

適時適量的小心眼是感情的催化劑，拿捏進退才是聰明的情人。

好不容易擺脫女友的阿 Ben，難得出現在老友的聚會中。

一到場看到桌上有酒，他啥也沒說就一口氣乾了一大瓶啤酒，感覺像是剛被放出家門的狗狗，找到電線桿就順勢撒了一大泡尿。

酒精下肚後滿足了生理心理需求後，他才抬頭仔細環顧在場的朋友。

「吼～你！！！你們女人！！」

他一看到我，停下視線惡狠狠地盯著我大叫，手上的酒瓶像是快要朝我鼻頭 K 下去一樣。我身旁的朋友小心翼翼護著我，抓住酒瓶順勢拍拍他的肩膀安慰他。

他這麼失態，現場的朋友都沒有怪他，畢竟，在他交往這任女友三個月以來，這還是第一次被「恩准」來參加朋友聚會。

「你們女人真的是怪毛病一堆～」

阿 Ben 繼續發洩不滿。

「我們女人是怪呀～但你沒有女人還不是萬萬活不了？」

我邊喝著我的紅酒，邊笑著回答他。

「這倒是……」

阿Ben原本高漲的氣勢，頓時萎靡不振，在場其他男人暗暗點著頭，也同情地看著他。

「到底怎麼啦？說說看呀～就算幫不了忙，至少也讓你吐吐苦水，不要一直悶在心裡。」

我企圖安慰他，以好友的立場溫柔地說。

「我不懂你們女人耶～到底一直翻舊帳，計較一些過去的事情有什麼意義呀？」

阿Ben豪邁地又乾了一杯啤酒，邊暢快地開罵。

原來，上星期六阿Ben接到高中同學的邀請，想找一些死黨一起去長灘島見證他們的婚禮。

「去長灘島結婚？好浪漫喔～」我忍不住驚呼，卻被在場其他男人白眼。

「呃……對不起，請繼續。」

他很興奮地答應了會帶女友一起去，並且在當天晚上就告訴她這個好消息。

阿Ben很man地拍胸脯跟女友保證，他會搞定長灘島的旅費，她只要美美地跟他去度假兼參加婚禮就好了。

但是，就算是聽到他這麼大方的提議，女人卻沉著一張臉，一點也沒有開心的樣子。

「你知道她居然問我什麼嗎？她居然問我說高中時暗戀的那個女生會不會去！！拜託～高中耶～都八百年前的事了！她還計較人家會不會去，現在是不是變得很正！！」

阿Ben酒越喝越多，音調也越來越飛揚，而我一聽他說完女友的擔心，忍不住放聲哈哈大笑。

「那你怎麼回答？」我追問。

「我？我是有聽說那個女生現在更正啦～那、我當然就這樣回答她啦～」

阿Ben搔了搔頭，醉眼惺忪地說。

我翻了翻白眼，氣得不知道要對他說什麼。

「什麼啦～乁～奇怪耶～你們女人很愛計較耶～」

阿Ben皺著眉頭，隨手又開了他三個月來第五瓶啤酒。

男人永遠弄不懂女人到底為什麼這麼愛計較，愛計較的標準又在哪裡？

也許，當你跟她聊起最近臺幣匯率波動對你們共同投資基金的影響，她永遠搞不懂意思是賠了還是賺了。

也許，當你跟她聊起八千元的百分之一，她會回答你是八塊錢。關於這些數字之間的關聯，或者一萬後面到底有幾個零她也總是要一算再算數，還永遠搞不清楚。

但是，女人會在心裡牢記藥妝店哪天刷哪張卡滿多少才可以打折，看電影的時候刷哪張卡才有買一送一的優惠。

除了這些，女人更會計較她的年紀、體重、三圍，因為這些事她都在乎。

但男人，你知道她更在乎、更計較的是什麼嗎？

她計較你愛過誰。

她計較你愛過的人是比她差還是比她好，如果比她差她會質疑你的眼光進而懷疑你對她的評價，如果比她好她會擔心你難忘舊情，是不是還跟前任有聯絡。

她還計較什麼呢？

她計較還沒有開始交往時你比較體貼溫柔，是不是還沒得手前比較愛她，現在比較不愛她。

當你筋疲力竭針對她的存疑否認到底，也用盡全力表現自己的愛沒有隨著時間變淡，最終她還是要跟你計較：

在你還不認識她或是才剛認識她的以前，既然你覺得她這麼好，為什麼你沒有早點愛上她呢？

你總是贏

小心眼肥大：

光用「因為太在乎」來解釋一切的無理取鬧，應該是不夠的。

適時適量的小心眼是感情的催化劑，拿捏進退才是聰明的情人。

交往了三年的男人從來沒有提筆寫過隻字片語給她，別說是類似像情書的東西，連張小卡片都不曾有過。

卻在出差到美國的第五天，捎來了一封這樣幾個字開頭的 E-mail：

「你總是贏。」

四個字加上一個句號，看不出來情緒或是有任何挑釁的意味。但女人的情緒卻被挑了起來，她挑著眉，有點不爽地繼續往下看。

不爽？女人為什麼不爽？

因為她不喜歡「贏」這個字背後的意思，感覺就好像是有時兩個人吵架明明自己覺得是在講道理，不是歇斯底里或情緒化的謾罵，男人卻會在講不到幾句話就求饒地說：

「好啦～都是我的錯，好不好？」

「不好！我又不是三歲小孩，我在跟你溝通，不許你用這種哄我的方式含糊帶過。」

女人幾次都想回他這樣的話，卻忍住沒說出口。

「很多人都說，情侶之間沒有不吵架的，但像我們這樣大小事都要吵的情侶，不知道多不多？」

「果然吧～他就是在講吵架的事，拜託，我們哪有常吵架，有些頂多只算得上是鬥嘴吧～」

女人邊在心裡嘀咕，邊回想著男人出差前一個晚上，他們的確是吵了一架。

但是，有這麼嚴重嗎？

他果然就是不服氣，根本不覺得是自己的錯。

「好～我也不是說每次都是他的錯。但是，幹嘛要說誰贏誰輸？都在一起三年了，誰輸誰贏有這麼重要嗎？」

女人的嘀咕還在繼續延伸。

「不管是我們每次意見相左，或是真的動了怒氣吵架的時候……印象中，你從來沒有低頭道歉過……」

確實是如此，女人自己心裡頭也很明白男人都是讓著她的。

有時候明明自知理虧，她還是耍賴地不肯退讓。

或者更多的時候，她睜大眼睛噘著嘴、撒個嬌，男人的態度就會軟化下來。

她也不懂為什麼自己就是說不出「對不起」這三個字。

「我有時候也很氣，氣你的頑固，氣我自己總拿你沒辦法……」

頑固？他現在是在指責我頑固嗎？

女人瞪大眼睛看著電腦螢幕，好像這樣就可以把自己對這句話的不滿傳遞給男人。

「哼～」女人瞇著眼睛，從鼻孔微微發出了聲響，像是柯南辦案般企圖從「頑固」這兩個字，剖析男人寫這封信時的情緒與動機。

突然，在電光火石的瞬間，她想到了。

最近她打算要換電腦，兩個人為了她到底該不該順勢換成Notebook，爭執了好幾次。

「我就是不喜歡Notebook呀～我覺得它鍵盤的觸感會讓我寫不出東西。」

她回想起男人聽到她說出這個理由時，臉上不可置信的表情。

「你真是頭牛～」最後他吐出了這幾個字。

「在出差前的那天晚上，你真的太任性、太過分了，我以為你終於會認錯。但是，一直到我登機，都還沒有等到你的那句對不起……」

看到這裡，女人覺得全身的血液像是從腳底一瞬間全部被抽乾……

他要跟我提分手！！

在他出差前吵的那一架有那麼嚴重嗎？

到底為了什麼吵架？

慌亂的女人什麼都想不起來。

應該不是什麼嚴重的大事，不然不會在睡前他們還做了一場愛。

到底吵了些什麼內容？

讓他覺得自己應當要得到一句「對不起」來當作彌補？

他從來不會這麼堅持的，他不是總是笑著退讓，不是總是好脾氣的嗎？不是總是有耐心地哄著自己嗎？

鼻頭一酸，女人的眼眶紅了，視線模糊了。

他要跟我提分手了嗎？他再也受不了了嗎？

自己總是吃定好脾氣的他，是真的太任性了。

但是，她就是愛這種被他寵著的感覺呀～他怎麼不懂呢？

「在飛往美國的途中，我有好多時間去思考，我不停地在想我們之間，想這三年……」

他真的要分手！！

「回想和你在一起的這三年，不，應該是說，光是想到你，我的心就柔軟了，嘴角就會不自主地上揚……」

等等，事情沒有嚴重到要分手。

「我想，未來，在我們之間可預期的，還是會有無數次大大小小的爭吵。如果都還是你贏，好像也並不是太糟糕……」

所以，他是要寫這封信來道歉嗎？

「既然，我的人生注定就是要敗在你手上，又有何妨。至少，我總是會心甘情願微笑著接受。親愛的，請你嫁給我，我們結婚吧～」

女人目瞪口呆地看著螢幕，這時男人越洋的電話準時在約定好的時間響起，她機械式地按下通話鍵。

「看過那封信了嗎？」男人溫暖的笑臉出現在她眼前。

「對不起……對不起……對不起……對不起……對不起……對不起……」

她哭得像個小孩，只能重複說著這三個字。

「怎麼了？誰欺負你了？讓你哭成這樣？」

男人慌張心疼追問著。

「你啦～都是你啦～對不起啦～我一直太任性……對不起……」

不知道為什麼，女人的淚一直停不下來。

「對不起？原來你從剛剛到現在，一直在跟我說對不起嗎？」

終於從她含混的話語中，理出頭緒的男人恍然大悟地問她。

「嗯～」

她嘟著嘴，不肯再多說一次。

「好～我接受你的道歉，那麼，你願意嫁給我嗎？」

男人笑著追問。

「嗯～」

她嘟著嘴瞪著他，邊擦去眼淚邊連連點了點頭。

過或不及

小心眼肥大：
光用「因為太在乎」來解釋一切的無理取鬧，應該是不夠的。
適時適量的小心眼是感情的催化劑，拿捏進退才是聰明的情人。

曾經看過這樣一篇文章，主題是：「到底希望舊情人過得好不好？」

分手的時候，有些人會暗暗地詛咒，詛咒離開你的男人一輩子都過得不好，最好還落魄到老。

等到分手多年後，真的聽說了男人的狀況就像你希望的那樣糟糕時，**你心裡的難受倒也不是捨不得，只是他過得這麼糟，不就顯得自己眼光很差，當初怎麼會看上這樣的男人？**

這樣的心態很難理解嗎？但人的心思本來就是矛盾又複雜的，另一類矛盾的心態，最近發生在我朋友的身上。

「你覺得我長得怎麼樣？」

難得悠閒的午後，約在臺北這幾年紛紛出現的露天咖啡座碰面，她劈頭就問我這句話。

雖然走在路上回頭率不算低，但她並不是長得讓人一眼就驚豔的

女人，越經過相處會越覺得她美麗，這樣加分的美麗，來自於個性，來自於……

「我不是要聽這些……」

她一雙慧黠的大眼睛，轉呀轉的～打斷我的敘述。

「我算是長得不俗氣吧～」

她用一種急於被肯定的語氣說這話。

「什麼人說過你俗氣？」

我悠哉喝著溫熱的抹茶拿鐵，只拿不可置信的眼神詢問她。

她工作能力強，談吐不落俗套，總是言之有物，書讀得多看得雜，喜歡運動也愛聽音樂。

電影院線片、各國影集占滿她的休閒時間，她文筆好，心思細膩……

「吼～回答我的問題啦～」

她終於失去了耐心大吼，不顧路上行人投注過來的眼光。

認真打量她，看不出年紀的外表，一身日系 OL 打扮，臉上淡妝顯得神采奕奕，怎麼樣都跟「俗氣」兩個字沾不上邊。

「那就好，那算有靈氣嗎？有氣質嗎？」

靈氣？氣質？這不是瓊瑤常拿來形容她筆下的女主角嗎？指的不是那種不食人間煙火的二十幾歲小女生嗎？

「不算有氣質嗎？還滿常有人說我有氣質的耶～」

她繼續不死心地追問，我狠狠咬了一口熱騰騰的牛肉可頌，毫不留情地大力搖頭。

她有點失望地放盡力氣，把身體擺進舒服的藤椅裡，不甘心地瞪著我。

「到底幹嘛問這個啦～」
我連話都懶得說，用我撐大的鼻孔跟挑起的左眉問她。
「其實是這樣的……」她突然賊賊地笑了起來。
「我也覺得自己這樣很無聊……但又忍不住這樣想……」
原來這傢伙前幾天無聊到去逛前男友的社交平臺，不小心看到了他的現任……不看還好，一看之下，她大驚失色……

「天呀～我真的不是要以貌取人，但是……很俗耶～」
ㄜ……小姐，那請問這關你屁事？
「不是嘛～他眼光怎麼這麼差？這麼俗的女生他也會喜歡，那人家會怎麼想我？」
啊～？怎麼想你？
「對呀～我好歹也還算得上是個文青，卻是這麼俗的人的上一任，你想別人會怎麼想我？」
小姐，那只是一張照片，也許她本人氣質還不錯，也許她個性比你好一千倍，或者她很溫柔又體貼，不像你任性又壞脾氣，想法古靈精怪又難取悅……
「唉呀～不管啦～他怎麼可以亂選下一任女友啦～」

人的心態有多奇怪，如果前任情人的新對象條件好過自己，你會

難過、會自怨自艾,如果比自己差,你又會嫌對方品味變差了。

那麼你到底是希望,他的新對象條件是超過自己好,還是不如自己好?

話說回來,不管他的新對象條件是超過你還是不如你,現在他選擇的人就是他,陪在他身邊的人也是他,你到底有什麼好不甘心,到底有什麼好煩惱的呢?

你們老早就天各一方,各自安好把自己的日子過好就行了吧?

不是非你不可

不甘心失調：

總是計較著誰付出比較多，並不會讓這份愛情更加偉大，

只會漸行漸遠。

男人雖然是思考邏輯很簡單的動物，但很多時候女人還是覺得男人的心思很難懂，尤其是太在乎他的時候。

因為太害怕被傷害，所以女人常常在男人剛開始跟自己曖昧的時候，替他想盡了所有的藉口。

拜託～年紀比我小這麼多耶～差了八歲呢～怎麼可能？

唉喔～他不過就是個性比較體貼罷了～啊～我知道了他應該是GAY。

嗯～他應該只是日子太無聊需要朋友陪伴吧？天天都找我，他是沒朋友吧？

這些爛藉口跟理由，只不過是女人想在萬一男人突然轉身離開前，先讓自己有些心理準備。

這個道理就像是打疫苗，先讓自己痛一點不舒服個幾天，總好過之後確診的不舒服，更別提那些不知要拖多久的發病症狀。

但是，連醫生都這樣說了：

「就算該打的疫苗都打了，也不能確保不會突破性感染。」

白話一點來說：

「你也知道現在的生態環境被破壞得這麼糟，病毒每天都在突變，難保你遇上的會不會是疫苗根本無效對抗的病毒。」

面對男人不也是這樣？

你為自己打了預防針，告訴自己一切都不可能，但他的言行舉止、所作所為，每天持續推翻你自以為的不可能。

他像細菌一樣天天潛伏在你身旁，對你這麼溫柔體貼噓寒問暖的，教人怎麼不心動？怎麼你說的話題就他都懂、他說的話你也都覺得好有趣？

越來越注意他的動態、越來越被他吸引了，你們兩個人越走越近幾乎天天都見面了，但是……

他是真心的嗎？還是只想玩玩？

畢竟，在還沒聽到男人親口說出類似像是：

「我喜歡你，我們在一起吧～」這樣的表白之前，誰能夠看透他的心思，真正的有把握呢？更何況有太多的男人連真心喜歡著你時也說不出這樣的話。

到底要怎樣才能知道他是真心的還是只想玩玩呢？

你說，你最近陷入這樣的苦惱中。

偏偏前兩天跟一群朋友聚餐時，突然有人沒頭沒腦地當面問起你們兩個人到底是不是在交往了？

你尷尬地笑了笑，瞬間漲紅了臉，摒住了呼吸在一旁安安靜靜等待他的答案。你不敢看他臉上的表情，而這等待的過程漫長地讓人心慌。

「我和她在一起很開心。」他猶豫了好一會兒才終於這樣說。

你抬起頭看向好友小花，她臉上的表情很複雜，你知道她其實在心裡翻了兩、三次白眼。

「『我和她在一起很開心。』這是什麼意思！！！蔣哥問的明明就是：『你們已經在交往了嗎？！』」

幾天後週末姊妹淘的午茶時間裡，小花忍不住拉高了音調說。

你無奈地攪動著濃綠色的抹茶拿鐵小小地啜了一口。

「也許，他是比較害羞、比較被動的人吧～？」

居然還這樣替他辯解，你自己也不敢相信。

小花瞪大眼睛看著你，又翻了不知道是這個下午第幾次的白眼。

「對男人來說，喜不喜歡是很簡單的事情，是不是在交往也很容易了解。再說，有肩膀的男人不會不敢承認自己喜歡上一個女人。」

小花越說越氣。

「你該不會跟他上床了吧！」

小花瞪著你追問，你連忙搖頭說沒有但心情越來越低落。

那天的午茶在一片凝結的氣氛中結束了，你心中的疑問並沒有獲得紓解。

你問我到底他喜不喜歡你？

我想他是喜歡的，只是不夠喜歡，不夠到像你喜歡他那樣地喜歡。

一個男人到底喜不喜歡一個女人，其實有些細微的觀察與互動可以了解。

他有沒有想要進入你的生活也帶你進入他的？他願意和你的家人朋友見面，真正融入你的生活圈嗎？

他有沒有耐心聽你訴說一整天發生的無聊瑣事與笑話？

他的記性是不是只為你變好？

男人的腦部結構跟女人不同，男人記得大事女人記得小事，這樣的狀況唯一例外的時候，就是當他把全部心思都放在你身上的熱戀期。

熱戀期時他自然會記得你跟他說過的每一句話，當然在你們感情穩定過後他的記性會恢復正常，也就是回到記性不好的那類。

他想掌握所有跟你相關的事，如果可以更想把你的事情都攬到自己身上，對於你的麻煩他沒辦法坐視不管。

他會覺得全天下的男人都喜歡你，這並不是他疑神疑鬼覺得大家都是他的情敵。

道理很簡單，**因為在他眼中你最好，他自然會覺得其他人也會對你有興趣、都可能喜歡上你。**

再被動的異性戀男人都會主動喜歡上女人，但對他來說那個人顯然不是你。

他只是覺得你還不錯，卻不是非你不可。

我就是要愛你

不甘心失調：
總是計較著誰付出比較多，並不會讓這份愛情更加偉大，
只會漸行漸遠。

如果人生可以計畫跟選擇，你想要只能愛得轟轟烈烈一陣子，還
是可以愛得平平淡淡一輩子？

《命運規劃局》是部兩面評價在人間的電影。

有些人覺得它劇情很鬆散，但吸引我的是它描寫了人類想要自己
掌握、改變命運的欲望。

人生是由一連串的偶然集結而成，每個人都知道日常生活中一個
看似微不足道的決定，可能會就此改變自己的人生。

在電影中，當主角硬是不照所謂命運棋盤設定的布局走時，會讓
人有一種他改變了自己命運的暢快感受。

但事情真的是這個樣子嗎？

你真的以為被改變的是「命運」嗎？

還是命運原本就注定要被你改變成這樣的「命運」呢？

當你愛一個人愛到無以復加，是因為有強大的外力干擾，還是真的單純因為就是很愛很愛他？

如果，那些反對你們在一起的聲音跟力量消失了，你們還會執意要在一起、執意要牽到對方的手嗎？

這一切，會不會其實只是「不甘心」而已？

那些流傳千秋萬世、驚天動地的愛情故事，不管是「羅蜜歐與茱麗葉」，還是「梁山伯與祝英台」，在他們的愛情中都有禁令，都有不準他們相愛的權威阻撓著。如果這些禁令、權威、阻撓統統不見了，你覺得他們還會相愛嗎？

或者，應該說還會愛得這麼義無反顧、轟轟烈烈嗎？

心理學上有個名詞叫「抗拒理論」。

根據抗拒理論的解讀，人類並不喜歡自己的思想和行動自由受到威脅。

因此，假如他們有個行為被強烈禁止，就會促使他們以叛逆的行為來反抗威脅，並對被禁止的事情表現出更大的興趣。

沒有人喜歡被箝制，當有人反覆告訴你不準做什麼事情的時候，往往反而更激發你就是想要去做的情緒。反之，當禁令消失，怎樣都想去做的欲望也就跟著消失了。

〈藍鬍子〉的故事不就是最好的印證？

藍鬍子是一位非常有錢的貴族，有著藍色的鬍子，所以被稱為藍鬍子。

他獨自住在古堡裡，娶過好多個妻子，但最後都下落不明。

這天藍鬍子又迎娶了一位新娘，並對少女新娘說：

「這古堡裡的金銀珠寶全部都是你的，只要喜歡都可以拿去。」

接著，藍鬍子指著地牢一個需要用黃金鑰匙才能打開的房間說：

「只有這個房間絕對不可以打開，其他房間你都可以使用。」

如果你是少女新娘，會想打開那一扇禁忌的門嗎？

這已經不光只是人類的好奇心可以解釋得了，更深層的意義其實是：**每個人都喜歡自由和有選擇的感覺。**

當羅蜜歐與茱麗葉或是梁山伯與祝英台真的可以日日夜夜相處，

一起計較柴米油鹽、繳不完的帳單，他們承受得了如此平凡嗎？

還是寧願想愛卻不可得。

當這些完美的愛情神話跟現實攪拌在一起，不可能持續美麗無瑕，它會腐壞、會變質、會變得讓人難以忍受。

但它也有機會蛻變成另一種讓人心安的微小幸福。

這樣的改變是需要雙方堅持下去，需要一起度過、一起面對的，

不願面對或是離開就是放棄，放棄了就什麼可能都沒有了。

沒有了可能，你們之間就成了曾經，一切都會成為過去。

人生中不管是工作或感情，每一個項目的現況其實都經過自己最真切的選擇，也許不像戲劇裡有多大的阻礙，但是每一個選擇來到我們面前時，不會預警，也總不給太多的時間去思考。

我們不見得都做出了最正確的決定，但至少可以做到全力以赴，

不逃避並好好地面對，不讓將來的自己有說後悔的機會。

我們的人生、我們的愛情都比自己以為的來得更重要與不可替
代，停止羨慕別人，好好珍惜自己正在經歷、正緊握在手中的
吧～

我的人生，我的決定，我不後悔。

不要期望對方用你愛他的方式愛你

幸福失衡症：
想像中的幸福當然更加美好，但只有真實擁有的才是真的。

一剛開始以為是彼此都忙，幾個晚上沒有視訊也不是太奇怪的事情。

後來她發現不對勁了，是因為突然覺得自己整個人沒有了力氣。

本來，晚上抽空跟他說上話、看看他的笑容、聽聽他說著多捨不得放自己一個人在這個城市裡獨自生活，就像幫女人充飽了電，讓她隔天可以繼續好好地迎風擋雨。

他總是這樣寵著自己，呵護著自己的情緒。

但是，他突然沒由來地從兩個人的世界抽離了。

因為懂事、懂得要設身處地替他著想，所以，她不是一個要求很多的情人。

從來都不是。

她從來沒有要求過一天二十四小時的呵護，只要男人有一個簡單的訊息告訴她：

「我很忙，但也很想你。」

這樣就足以讓她安心，繼續自己一個人在這個沒有他的城市裡過著日子，想著他。

下午時刻趁著辦公的空檔她傳了訊息過去。

「好多天沒說到話了呢～在忙什麼呢？都沒空理我嗎？」

女人接著送出了「掉落一滴淚」的圖案，是種撒嬌，也是種把握，有把握他會覺得心疼的小小心機。

但是，過了一整晚卻沒有得到任何回應。

是不尋常，但是，也不是沒有解釋。

也許他的網路無故掛點，或者手機收不到訊息這事之前也發生過。

但讓她驚訝的是時間在忙碌中過去，失去聯絡七十二個小時後，男人依舊維持沉默沒有捎來半個字。

女人沉不住氣了，開始打電話跟繼續傳簡訊但是有節制，大概是一天兩、三次這樣的頻率。

男人不讀不回。

終於，又過了十幾個小時後的下午四點半，男人有了回應。

「心情有點煩，想要一個人靜一靜，請不要擔心。」

他回傳了這樣的訊息。

沒有解釋前因後果，怎麼可能不擔心？

而且這訊息的口氣相當冷淡，兩人之間的距離瞬間成了南北極。

她看到這樣的簡訊，心中的平衡開始瘋狂失序。

女人原本就是個相當悲觀的人，總會不由自主把事情想到最壞的那一步。

但她沒有讓任何人察覺異狀。

每天還是早早上床卻變得很難睡去，隔天一大早依然努力爬起來，把自己擠進擁擠的捷運車廂，她讓忙碌的工作淹沒自己的情緒，在朋友講的笑話中放聲大笑。

她體貼男人躲進洞穴誰也不理的心情，但沒有辦法不被影響。

或許真切面對挫折的是男人自己，但是，需要去面對這件事的其實並不只是他一個人。

然而，處在低潮中的他顯然沒有餘力來照顧女人這方面的情緒。

一個人生活了這麼多年，她本來以為自己什麼都可以，風風雨雨已經把自己訓練得相當堅強了，但經過了這幾天她才明白了一個道理。

曾經以為自己什麼都可以，但那是因為有他，好好地在自己心裡。

當他失去聯絡的這幾天，自己卻連真心地快樂起來都不可以了。

其實，她這幾天也不好過。

除了擔心著他的情緒，也忍受著自己的關心不被回應之外，她的夢想卡在半空中不上不下，像是有機會達成卻又更像是遙不可及。

她開始懷疑自己是不是適合走在這條路上，更不確定要不要繼續堅持？

她想窩在他的懷裡邊哭邊說自己的低潮，他不需要有辦法幫忙解決，只要靜靜地聽、小小聲地哄著自己就好。

「如果，有他在身邊就好了。」女人是這樣想的。

這樣的想法沒有誰對誰錯，只是男女面對低潮的大不同。

女人開始每天早晚一通關心的訊息，打過招呼後就讓男人繼續在洞穴裡整理混亂的情緒。

如果這是他當下需要被關心的距離，那她也可以說服自己做到。

揉揉哭腫的眼睛，女人是這樣告訴自己的。

女人也明白了當下自己的愛情課題是：

「不要期望對方用你愛他的方式愛你，但要學會以他想要的方式愛他。」

真的很難，但她盡力不缺課，認真搞懂，並且一定要拿下這個戀愛學分。

哪個比較難？

幸福失衡症：
想像中的幸福當然更加美好，但只有真實擁有的才是真的。

哪個比較難？
是習慣有你比較難？還是習慣沒有你比較難？

在你離開之後有好長一段時間，我一直改不掉這樣的習慣。
我不習慣回到家開了門說「我回來了」沒有人回應。
所以，我只好在自己說完「我回來了」，接著又用低沉的嗓音說
「歡迎你回來」～
然後想像就是你用緊緊的擁抱把我壓在你胸前喘不過氣來，不讓
我好好地呼吸。
我不習慣忙完該忙的事、洗好澡後沒有那個可以架上腿的地方。
所以，我只好在客廳的桌面擺上一個厚厚的大抱枕，想像就是你
輕輕把我的腿放在你粗壯的腿上，安安穩穩的。
我不習慣在自己嘮嘮叨叨說著一天發生的那些無聊事情時，沒有
人忍住呵欠聽著。

所以，我只好在自己講完事情開心地笑個不停時突然停下來，想像就是你又一臉疑惑地問我說：

「所以這整件事的重點是……」

我不習慣沒人催促我上床睡覺，不習慣沒人關心我中將湯喝了沒。

我不習慣所有沒有了你的不習慣。

但我同時也慢慢習慣沒有你，習慣回到當初沒有你的生活。

沒有你不需要報備每天的行蹤，一五一十乖乖地說。

沒有你不需要擔心著遠方的你天冷了會感冒、酒喝多了傷身、總是在加班太疲累。

我曾經如何努力地去把你納入我的生活中，經歷了多少讓步與磨合，現在卻已經變成要再去習慣沒有你的這件事了。

何其諷刺。

但說到底，到底是哪個比較難？

是習慣有你比較難？還是習慣沒有你比較難？

不是都說「江山易改本性難移」嗎？怎麼你這樣輕易來來去去就改變了我這麼多年以來一個人好好生活著的習慣？

恣意來去要我習慣有你，又要習慣沒有你。

你很任性。

就算是電腦灌入程式又刪除都還是會遺留下一些蛛絲馬跡，更何況是我？

我從來就沒說過自己很堅強，我是愛笑、愛哭、愛吃醋、愛撒嬌，也愛著你。

再說我從來不是個喜歡養成新習慣的人，但是因為你闖進了我的生活，要我習慣有你。

「認命吧～」你說。

「我會一直賴著你，你的生活中從此都會有我。」

我其實不想再想了，我其實覺得兩個都很難，不管是習慣有你還是習慣沒有你，對我來說都很難。

但是，我知道有你在我身邊，一切都會變得很簡單。

而我畢竟只是個喜歡簡簡單單的人，所以我還是想要有你在我生活當中，不管周遭的世界有多紛亂繁雜，只要你回來在我身邊、牽著我的手、吻著我的唇、緊緊抱住我、讓我窩在你的懷裡，一切都會變得簡單。

我是真的這樣相信的。

假性大方

假性大方：
適度的占有欲是愛情之間必要的調劑，表現得當的嫉妒是真心在乎對方的表現，不要害怕表現出來。

一起逛街的路上，朋友聊到了要去申請 Wi-Fi 的事情。

「你之前沒有網路嗎？」

我很疑惑地問，畢竟當下的住所她已經住了好一陣子。

「有呀～但莫名其妙被停了……」

她邊講邊翻了翻白眼，停頓了一下又說：

「說到這個就生氣，我要打電話罵人了……」

原來，她一直用的是前男友名字申請的網路，兩人理性協議要分手的時候，她當然是提過要更動的。

「但他說不用，說這樣很麻煩。」

既然男人這樣說她也沒什麼理由好再推託，加上諸事繁忙，就這樣子沿用了快一年。

「我當然可以自己去申辦一個，但是他要把我的 Wi-Fi 停掉前，是不是應該知會我一聲？」

朋友越說越生氣，我卻忍不住笑了。

「他想要演大方，卻還是過不了人性這一關……」

「怎麼說？」朋友不解地問。

「你們不是一直都還有保持聯絡嗎？最近聊天有聊到你的新戀情嗎？」

朋友先是滿臉疑惑地想了一下，這才恍然大悟。

「有！上星期他看到我 po 出櫻花的照片，問我跟誰去時，我有提到是跟新男友去的。」

我挑了挑眉，給了她一個意味深長的微笑的同時，想到了林夕曾經幫林凡寫的一首歌〈這樣愛你好可怕〉。

歌詞很寫實，講的是分手後的男女，說好了還是朋友。

但當女人聽到男人興高采烈提到了新戀情，眼就紅了、臉就黑了。

她希望男人的新伴侶沒那麼好，那就太好了，她希望他們如果開始吵架，男人會回過頭來想起她的好。

她無法真心祝福男人的快樂，因為他的快樂再也跟自己沒有關係了，她覺得自己這種種的想法很可怕，覺得這樣的自己不值得別的誰來愛。

但這不過就是人性呀～

感情本來就是絕對的占有，我們從來不是大方的人，就不必再裝大方。誰規定分手後一定要祝福對方呢？

就算我不祝福，他還是會有機會再度擁有幸福。而且，**他當然可以再度擁有幸福，但是，可不可以在我已經很幸福的以後呢？**

忘了跟你上過床

假性健忘症：

健忘有時候不是真的忘記，是我們存心借力使力，讓「時間」成為藉口帶走一些曾經。被無意或刻意遺忘的那些曾經，原來都好好地躺在他們原本該在的地方。

安安靜靜、不吵不鬧，等待哪天再被記起。

連續假期的第一晚，一群年輕人正在城市近郊山區的別墅裡喧鬧著。

每個人的視線，都緊盯著在地板上轉動著的酒瓶。
酒瓶的速度因爲地面摩擦力漸漸變慢，每個人的掌心跟著越拍越快、越拍越紅，男生的嗓子越扯越開，女生不是抿著嘴忍著笑意，就是跟著瞎High。
「停！停！停！停！」眾人聲音整齊劃一地喊著。
筱玲混雜在人群裡，看似盡情投入這場喧嘩中但內心卻是波濤洶湧。
他們是一群大學同學，今天是畢業三年以來第一次的聚會。
別墅是班代表阿方家的，吃過披薩、烤雞加上幾杯黃湯下肚後，

大家早就找回了當年的熟悉感。

交換過近況，聽過每個人吐吐不管是生活、工作、感情上的苦水後，突然有人建議來玩遊戲。

「既然要玩就玩大一點的，什麼『狼人殺』實在太無趣了……」

班上的「點子王」小凱登高一呼立刻歡聲雷動，他嘴角邪邪地一笑又說：

「不如……就來玩『真心話大冒險』吧～」

話才講完，別墅內立刻充滿雄性動物興奮的低吼聲。

「我最討厭玩遊戲了……」筱玲忍不住在心裡嘀咕著。

她不是文靜的女生，個性活潑大方，是校園裡的風雲人物，在同學之間更是個意見領袖。

但她從小在玩遊戲上就是走霉運。

從最簡單的「剪刀石頭布」、要動腦的「大老二」到跑不停的「紅綠燈」，她總是輸。

越輸她越怕，越怕就越輸。

她其實已經認命了，覺得自己這輩子就注定是個「贏不了」的傢伙。

但話說回來「真心話大冒險」算不算得上是遊戲呢？

當然算是，有懲罰、有人在旁邊看笑話，絕對算得上是個最殘忍的遊戲。

「我肯定就是那第一個倒楣的傢伙～」

看著酒瓶越轉越慢，筱玲心中不停這樣想著。

當酒瓶終於緩緩停下，停在浪子阿達的面前時，在場的人臉上都浮現了詭譎的笑意。筱玲也鬆了一口氣，意外發現自己原來並不那麼倒楣。

「咳咳～」小凱刻意清了清嗓，當起了遊戲主持人。

「真心話？大冒險？」

「真心話呀～有什麼好怕的？」

阿達毫不在乎地回答。

「好！那……在場有幾個人跟你上過床？」

小凱辛辣的發問，讓現場又是一陣歡聲雷動～

「你是說男生還是女生？」

阿達懶洋洋地反問，更讓大家High到了最高點。

「說！說！說！」

大家都覺得阿達是在採取拖延戰術不肯乖乖就範，於是又整齊劃一地喊著。

「沒半個～」阿達一貫滿不在乎的樣子冷冷說出答案。

阿達的回答大出所有人的意料之外，一時之間居然都忘了逼問，現場出現了十秒鐘的靜默。

「屁啦～你是誰？浪子阿達耶～寧可錯上、也不可放過耶～」

小凱首先發難。

其他人也跟著七嘴八舌，紛紛開始細數起阿達曾經傳過的曖昧對象。

「真的沒有呀～」

阿達坦蕩蕩看著在場每一個人，當他的眼神跟筱玲對上的那瞬間，筱玲有種暈眩的感覺。

這是負面的吸引力法則，倒楣的果然還是自己，果然自己這輩子就注定是個「贏不了」的傢伙。

她跟阿達上過床。

大學四年裡，只有那一次。

不是喝醉了，不是誰失了戀，而是一次真切的成年男女的欲望需索。

當然有人從一夜情變成夜夜情，但卻不是他們，這樣的奇蹟並沒有發生在他們身上。

她對阿達當然是有感情的，大二那年因為一起選修日文，兩人常相約練習或一起看日劇。

頻繁的相處讓她意外發現，阿達的輕浮只是沒有安全感的保護色，就這樣她喜歡上了阿達。某晚他們窩在阿達的宿舍裡，一起看著經典的日劇《求婚大作戰》，忘了是哪一集的劇情讓她哭倒在阿達懷裡，事情就這樣發生了。

事後阿達再也沒找過她，他們兩人誰也沒再提過這件事。

於是，這件事只好在她心裡藏成了祕密。

而她這時候要說些什麼？該說些什麼？或者她到底要不要開口說話呢？開口說了讓阿達接受懲罰，那又怎樣？把自己的隱私攤在

大家面前嗎？這可不是她的作風。

「阿達不承認跟我上過床，是為了保護我嗎？」

看著阿達一副痞子樣，筱玲立刻推翻了這個念頭，但接著閃出來的念頭，立刻打擊到自己潰不成軍……

「何筱玲！他根本忘了跟你上過床！」

對！沒錯！阿達一臉問心無愧的樣子，原來是閱人無數的他根本不記得「跟自己上過床」的這件事！

「天呀～我的表現有這麼糟嗎？還是說我這個人模糊到讓人根本記不住？」

四月天寒流來襲的夜晚，筱玲的心情五味雜陳，她繼續把自己丟在這場聚會中，卻怎麼樣也平復不了情緒。

男人對於床伴的記憶，可能停留在她無懈可擊的背影線條、光滑如絲的皮膚觸感、柔軟豐盈一手難以掌握的美胸。

女人對於床伴的記憶，停留在他溫柔的疼惜、賣力地取悅自己、完事後的溫暖擁抱。

除了記憶點的不同，對女人來說若不是動了情，有那麼一點喜歡，恐怕光是性衝動，還不足以讓她上了男人的床。

如果真的可以有那麼一天，

當女人可以跟男人一樣專注於性愛過程與感官的純享受時，

對女人來說到底是一種進化，還是一種退化？

怎麼可能忘了跟你上過床

假性健忘症：

健忘有時候不是真的忘記，是我們存心借力使力，讓「時間」成為藉口帶走一些曾經。被無意或刻意遺忘的那些曾經，原來都好好地躺在他們原本該在的地方。

安安靜靜、不吵不鬧，等待哪天再被記起。

連續假期的第一晚，一群年輕人正在城市近郊山區的別墅裡喧鬧著。

每個人的視線，都緊盯著在地板上轉動著的酒瓶。

酒瓶的速度因為地面摩擦力漸漸變慢，每個人的掌心跟著越拍越快、越拍越紅，男生的嗓子越扯越開，女生不是抿著嘴忍著笑意，就是跟著瞎 High。

「停！停！停！停！」眾人聲音整齊劃一地喊著。

阿達對於集體起鬨向來不感興趣，只是淡淡微笑坐在一旁。

他們是一群大學同學，今天是畢業三年以來第一次的聚會。

別墅是班代表阿方家的，吃過披薩、烤雞加上幾杯黃湯下肚後，大家早就找回了當年的熟悉感。

交換過近況，聽過每個人吐吐不管是生活、工作、感情上的苦水後，突然有人建議來玩遊戲。

「既然要玩就玩大一點的，什麼『狼人殺』實在太無趣了……」

班上的「點子王」小凱登高一呼立刻歡聲雷動，他嘴角邪邪地一笑又說：

「不如……就來玩『真心話大冒險』吧！」

話才講完，別墅內立刻充滿雄性動物興奮的低吼聲。

「怎麼會？『狼人殺』明明就很好玩～」阿達反射性地閃過這個念頭。

「浪子阿達」是從大學跟他到現在的封號。

在十八、九歲那樣的年紀裡，連自己都還不太認識自己，更別提搞清楚想要什麼樣的感情，想找一個什麼樣的人。

在十八、九歲那樣的年紀裡，誰沒有過幾段莫名其妙開始，卻也結束地奇妙莫名的戀情？

而阿達就是比大家所認可的幾段，又多加上了好幾段，於是「浪子」的封號就這樣上身了。

阿達知道自己是個頭腦簡單的人，不擅長面對跟解決太複雜的狀況。再加上他其實怕麻煩，不管發生什麼事情，總懶得多做解釋。

就拿「浪子」這個封號來說好了，他從來不急著去澄清或辯解，反而覺得這樣也沒什麼不好。反正，敢靠過來的女生就表示已經有了心理準備。

至少，他自己是這樣解讀的。

「願賭服輸」是阿達一貫的態度，不管是對人生甚或是眼前的遊戲都一樣。

但話說回來「真心話大冒險」算不算得上是遊戲呢？

當然算是，有懲罰、有人在旁邊看笑話，這絕對算得上是個最殘忍的遊戲。

「誰的真心話會最有趣？」

看著酒瓶越轉越慢，阿達邊環顧在場的人邊想著這個問題，這時候他留意到筱玲臉上擔心的表情。

酒瓶終於緩緩停下，最後停在阿達面前。阿達看見在場的人臉上都浮現了詭譎的笑意，同時下意識地看向筱玲，發現她鬆了一口氣。

「原來她是在擔心這個呀～」阿達心想。

「咳咳～」小凱刻意清了清嗓，當起了遊戲主持人。

「真心話？大冒險？」

「真心話呀～有什麼好怕的？」阿達聳了聳肩說。

「好！那……在場有幾個人跟你上過床？」又是一陣歡聲雷動～

「真無聊，又是這一類的問題，畢業這幾年都沒長大嗎？」

阿達心想，他知道什麼樣的回答，可以把場子炒得更熱……

「你是說男生還是女生？」

眼看大家果然因為自己的回話 High 到了最高點，他覺得很可笑。

「這些人光長年紀，沒長腦子。」

「說！說！說！」面對眾人的逼問，他心中當然有答案。

「沒半個～」

一時之間，別墅內安靜得可怕。

「屁啦～你是誰？浪子阿達耶～寧可錯上、不可放過耶～」小凱首先發難。

其他人也跟著七嘴八舌，紛紛開始扳著手指算起跟他傳過的曖昧對象。

「真的沒有呀～」

阿達好整以暇地看著在場每一個人，當自己的眼神跟筱玲對上那瞬間，他不動聲色地接收到筱玲臉上的陰晴不定。

四月天寒流來襲的夜晚，這場聚會遲遲沒有結束，不勝酒力的人已經睡倒在沙發上，其餘幾個還清醒的則圍在暖爐旁聊著天。

筱玲一個人走到戶外，想藉由冰冷的空氣沖淡體內的酒精。

凌晨三點半，她看著自己的影子，輕輕淡淡的好像隨時會被寒意沖散，就像是自己這個人不管存不存在，對任何人似乎都沒有影響。

「嗨～」

筱玲聽到身後突然傳來的聲音，忍不住輕輕顫抖了起來。

「會冷呀？」

話才說完，還帶著阿達的體溫跟菸味的外套，已經覆蓋在自己肩上，瞬間一陣暖意包圍住自己。

兩人維持了好一陣子尷尬的沉默後，終於有人沉不住氣，先開了口。

「你……真的忘記了嗎？」

筱玲摒住呼吸，等他回答。

阿達淺淺地笑了。

「再怎麼說，我們都曾經那麼熟……怎麼可能忘了跟你上過床？」

「那你剛剛是……」

話都還沒說完，筱玲在冷空氣中質問飛舞的手勢被阿達牢牢握住。

「你還是一樣這麼怕冷。」阿達邊說邊把筱玲冰冷的手藏進自己的口袋中。

聽到他這樣說，筱玲覺得心裡的一個破洞被修補好了。

幸好自己沒有這麼容易被忘記。

「進屋子裡去吧～你的手太冰了。」

阿達用一種命令的語氣，不給商量的餘地，半拖著筱玲避開在一樓起居室的大家，從後門來到了二樓的房間。

一進房間，阿達就以一連串綿密的吻向筱玲進攻，接著老練地要脫去她身上厚重的衣物。

「等等，你現在是要……」

被吻得意亂情迷的筱玲，抓住阿達稍稍停頓的空檔邊喘著氣發問。

「你隨時可以喊停⋯⋯」阿達溫柔地回答她，但一雙手依然不安分地在她身上恣意遊走。

「隨時可以喊停？！」

「隨時可以喊停？！」

「隨時可以喊停？！」

阿達的這句話不停在筱玲腦海中迴盪，而且越來越大聲⋯⋯

「我根本沒有說可以開始呀！！」

筱玲不知哪來的力氣，一把將阿達推開，並且忍不住破口大罵。

阿達狼狽地跌坐在地上，一臉錯愕。

一肚子無名火的筱玲還想多罵他兩句，卻瞥見他驚人的生理反應。

「哈哈哈～」

眼前的景象實在太荒謬，筱玲忍不住放聲大笑。整理好自己後，她頭也不回地離開房間，回到一樓的起居室加入還在聊天的大家。

經過這一夜的折騰，筱玲終於懂了。

對阿達這樣的男人來說，上床就像野狗撒尿，只要看到電線桿隨時可以上。

不管是大學時代的那一次，還是剛剛沒有完事的這一次。

經過這一夜的折騰，筱玲也終於懂了。

對阿達來說，自己不過就是剛好在身邊，離他最近的電線桿罷了。

多年前因為自己對阿達動了情，所以一切就發生了。

但現在的她面對阿達是無風無雨也無晴，心理上既沒感情、生理上也沒性衝動。

萬萬不可能因為阿達那一句「怎麼可能忘了跟你上過床」，又再跟他上一次床。

如果，女人怎樣都學不會男人上床的隨性。

那麼，至少可以縱容、放大自己的忘性。

至於，阿達到底是不是真的記得跟筱玲上過床呢？

說真的，都幾歲的人了，關於陳年往事呀～

誰記得誰痛苦。

原來大家都知道他們上過床

假性健忘症：

健忘有時候不是真的忘記，是我們存心借力使力，讓「時間」成為藉口帶走一些曾經。被無意或刻意遺忘的那些曾經，原來都好好地躺在他們原本該在的地方。

安安靜靜、不吵不鬧，等待哪天再被記起。

連續假期的第一晚，一群年輕人正在城市近郊山區的別墅裡喧鬧著。

每個人的視線，都緊盯著在地板上轉動著的酒瓶。

酒瓶的速度因為地面摩擦力漸漸變慢，每個人的掌心跟著越拍越快、越拍越紅，男生的嗓子越扯越開，女生不是抿著嘴忍著笑意，就是跟著瞎 High。

「停！停！停！停！」班上的點子王小凱扯開嗓門帶頭大喊著，眾人的聲音整齊劃破山區的靜默。

他們是一群大學同學，今天是畢業三年以來第一次的聚會。

別墅是班代表阿方家的，吃過披薩、烤雞加上幾杯黃湯下肚後，大家早就找回了當年的熟悉感。

交換過近況，聽聽每個人吐吐生活、工作、感情上的苦水後，突然有人建議來玩遊戲。

「既然要玩就玩大一點的，什麼『狼人殺』實在太無趣了⋯⋯」
小凱一聽到有人建議玩遊戲，全身的血液立刻沸騰了起來，馬上登高一呼。
「來玩『眞心話大冒險』吧～」
小凱話才講完，別墅內立刻充滿雄性動物興奮的低吼。
「幸好，人性總是比較想聽八卦的⋯⋯」小凱看著現場同學興奮的臉，心裡有鬆了一口氣的感覺。
他喜歡玩遊戲，更常帶頭玩，但是，他不喜歡玩「狼人殺」這個遊戲。
也不知道爲什麼，每次只要他一抽到「狼人」都會立刻被猜出來。
所以，他害怕玩這個遊戲，因爲他獨獨對這個遊戲沒有把握。

小凱是個活潑好動的大男孩，總是精力旺盛，永遠笑容燦爛。
他是家裡的獨生子，爸媽終日爲事業忙碌，總是對他說：「你要乖乖的，爸爸媽媽這麼忙，都是爲了讓你過好日子。」
他似懂非懂地點了點頭，接受了這個說法。
因爲不想回到只有一個人的家，所以他從小就集黨結社。
還好他天生是個容易開心的孩子，同伴的陪伴紓解了他的孤單，卻也讓他在很小的年紀時，就學會看人臉色，這也讓他有時顯得過於滑頭。

他學會在最短的時間內，融入一個團體成為核心人物，總是搶著帶領大家玩團體遊戲，當遊戲主持人雖然不能參與，但卻能保證絕對不會被整，這是小凱心中的打算。

總是要等到他搞清楚遊戲狀況，有把握可以贏的時候，他才會下場一起玩。

常有人說「認真就輸了」，但小凱在玩遊戲的時候，總是特別認真。

但話說回來「真心話大冒險」算不算得上是遊戲呢？當然算是，有懲罰、有人在旁邊看笑話，這絕對算得上是個最殘忍的遊戲。

「等一下不知道可以整到誰？」小凱幸災樂禍地想著。

酒瓶終於緩緩停下，最後停在浪子阿達面前，在場的人臉上都浮現了詭譎的笑意。

「太好了～」小凱心想。

這不是老天爺特意的安排嗎？在場還會有誰比阿達有更勁爆的隱私，可以引起大家興趣的？

「咳咳～」他刻意清了清嗓，當起了遊戲主持人。

「真心話？大冒險？」

「真心話呀～有什麼好怕的？」阿達聳了聳肩說。

「好！那……在場有幾個人跟你上過床？」

又是一陣歡聲雷動～

這句話一問出口，他得意地跟周遭的人擊掌大笑。

「你是說男生還是女生？」

阿達懶洋洋地反問，更讓大家High到了最高點。

「說！說！說！」

小凱帶動大家逼問著阿達時，突然覺得筱玲臉色不太對勁。

「沒半個～」阿達一貫滿不在乎的樣子。

一時之間，別墅內安靜地可怕。

「屁啦～你是誰？浪子阿達耶～寧可錯上、不可放過耶～」小凱
首先發難。

其他人也跟著七嘴八舌，紛紛開始扳著手指算起跟他傳過的曖昧
對象。

「真的沒有呀～」

阿達坦蕩蕩看著在場每一個人，當他的眼神跟小凱對上的那一瞬
間，小凱回想起一件塵封已久的記憶。

天呀～阿達和筱玲上過床！

天呀～難怪剛剛自己問出那個問題時，筱玲的臉色瞬間慘白。

小凱好內疚，覺得自己好殘忍。

大二那年，阿達跟筱玲因為一起選修日文走得很近，在那個空氣
中總是浮動著荷爾蒙的年紀，同學當然耳語過他們兩人的緋聞，
但是，好像一直沒有更確定的情況出現。當新鮮感消失後，同學
八卦的話題之中，也就不再提到他們倆了。

直到那一天……

小凱提議看螢火蟲，浩浩蕩蕩約了一大群人，自己卻在出發當天因為發高燒失約了。

瘋了一整夜卻依然精神抖擻，打算嗑完早餐再解散的一群人，打電話吵醒已經退燒的小凱，要他買單賠罪。

睡眼惺忪的小凱正在空蕩蕩的街道上選擇早餐店時，撞見了一大早從阿達宿舍出來的筱玲。

筱玲沒有看見他，但他卻在那一瞬間心碎，他其實從大一開始一直喜歡筱玲，卻從來不敢表白。

當大家在談論筱玲跟阿達的曖昧時，他常在心裡祈禱，希望不是真的。

雖然，後來的幾年再也沒有傳出任何跟阿達、筱玲有關的八卦，但小凱還是選擇埋葬心中最初的情感。

四月天寒流來襲的夜晚，這場聚會遲遲沒有結束，不勝酒力的人已經睡倒在沙發上，小凱跟其餘幾個還清醒的則圍在暖爐旁聊著天。

「ㄟ～」

突然有人示意要大家往外看，小凱轉身一看，阿達正好關上落地窗，眾人的笑聲在阿達掩上門後才放肆地響起。

「這有什麼好笑的？」小凱很疑惑。

「幾分鐘前，筱玲才走出去呀～」

阿方挑了挑眉說。

「ㄟㄟ～你們記不記得大二那年去看螢火蟲夜遊那一次……」

阿方接著興奮地說。

「喔～有耶～記得記得……」

「喔～就是小凱放鳥那一次呀～」

大家七嘴八舌拼湊著記憶。

「那你們還記不記得，那天一大早看到誰從阿達宿舍出來？」

阿方壓低聲音說。

真相大白，原來大家都知道他們上過床。

「對呀～剛剛小凱那樣問，我直冒冷汗耶～」

「原來他們兩個一直有什麼……」

「好像沒有耶～我記得筱玲後來不是交了個建築系的男朋友嗎？」

大家八卦得很開心，小凱卻始終沉默。

「小凱，你到現在還喜歡筱玲嗎？」阿方突然發問。

「啊？我？」

小凱一時之間不知道怎麼否認。

「你呀～一直很不會掩飾心事呀～」阿方笑著說。

「不會掩飾心事？」

「對呀～你知道為什麼每次你抽到『狼人殺』的時候，大家一定都猜得到嗎？」

小凱搖了搖頭。

「因為每次你抽到『狼人』就會變得特別沉默，本來都會幫忙炒熱遊戲氣氛的人，卻突然很安靜，自然大家就猜到你是狼人了。」

原來如此，小凱恍然大悟。原來自己常因為太在乎所以就失常了。

「面對筱玲的時候也是一樣呀～」阿方又繼續說。

「以前，每次只要她一出現或講到她，你就會變得很安靜……」

在場的大家都猛點頭。

「大家在聊什麼呀～氣氛這麼凝重……」

筱玲從遠處慢慢走過來，微笑著加入大家。

小凱抬頭看著她，一樣的長髮，一樣的美麗，一樣的讓人心動。

原來繞了這麼大一圈，該面對的還是逃不掉。

他希望長大後的自己，同時也長了點勇氣。

深深吸了一口氣，正想開口說話的小凱突然想起另一張臉孔，那個總是瞪大眼睛，氣到撐大鼻孔，嘟著嘴叫他「壞蛋」兇巴巴的自己現在的女友……

他還想起當年風靡過的另一部日劇《戀愛世代》。

在劇中，男主角片桐哲平是這樣子形容自己對初戀情人的心情：

「就像是一塊擺在櫃子裡的蛋糕，碰都不想碰，就怕會碰壞它，就怕它不會再是最初完美的樣子。」

「既然錯過，一定有它該錯過的原因跟理由吧～」小凱心想。

他起了身，走到戶外撥了通電話。

「喂～睡了嗎？」

「當然睡了，壞蛋，這麼晚了還不回家……」

聽到電話那頭的她，又開始兇巴巴地教訓自己時，小凱笑了。

長大後的自己，果真長了點勇氣，幸好，也長了點智慧。

分手後才學會習情

救世主情結：

幫助別人對你來說是根深柢固的個性——不是習慣，是個性。

你無法漠視別人的為難、別人的困境，總是不由自主被情感或生活上有問題的人吸引，到最後不光是付出感情更進而全盤接手主宰對方的人生。

他的喜怒哀樂你都想承擔，你擔心他比擔心自己更多，只有不停幫他破除難關你才能安心，這樣的你正是有「救世主情結」。

幫助別人對你來說是根深柢固的個性——不是習慣，是個性。

你無法漠視別人的為難、別人的困境，總是不由自主被情感或生活上有問題的人吸引，到最後不光是付出感情更進而全盤接手主宰對方的人生。

他的喜怒哀樂你都想承擔，你擔心他比擔心自己更多，只有不停幫他破除難關你才能安心，這樣的你正是有「救世主情結」。

如果說這樣病態無止境的付出是一種習慣，或許還可以隨著時間環境而得到改善，但對你來說這是從小養成的個性，是很難更動的。

你在一個沒有像樣大人的家庭裡長大，從很小的時候就必須懂得照顧自己，更要照顧大人。

你一直以為把他人的需求擺在自己之前是天經地義的事，沒有人告訴過你，自己比別人還來得重要。

你當然也會累，但偶爾浮現想逃開的念頭會隨即被強烈的罪惡感占據。

你克制不了自己渴求付出，就算對方懂得分寸，你也會放大難題，強化他對自己的依賴，那是你覺得被愛的方式，因為很被需要。

看著別人獲得滿足，你能夠感同身受還會比他更加開心。

最近你跟伴侶發生嚴重衝突，事情爆發的癥結點是一塊睡了十年的床墊。你最近突然動念要更換，只是遲遲找不到時間去選購。

睡了十年的床墊跟這段感情有一樣的時間點，那是你們決定住在一起後，你從原本住的套房搬過來的，當時是張才睡了不到一年的新床墊。

你跟他的開始毫無意外也是因為當時的他陷入嚴重的低潮，家庭和工作的壓力排山倒海擊垮了他，就算問題重重，你還是不顧一切接受了他。

這十年來他的狀況時好時壞，你樂在拯救者這樣的角色扮演，你以為這樣的你們過得很快樂。

沒有大聲爭吵過的你們，卻在選購床墊的賣場爆發嚴重口角。

當你決定要選擇哪一張床墊時，整個過程一直沉默的他突然暴跳如雷。

「既然都是你決定，那找我來幹嘛，浪費時間！」

他口氣很差地說。

「什麼叫浪費時間，這是以後要睡的床啊～很重要耶！」

你也沒好氣地回。

「既然這麼重要，為什麼從踏進賣場的第一秒開始，你都沒有問過一聲我的意見？」

已經習慣一肩扛起所有責任的你，習慣一個人做決定，早就習慣忽略對方的感受。

「因為你不管在哪都很好睡啊！」

雖然自覺理虧，你還在硬撐。

「我們家的每件家具都是你挑的，我都不知道自己存在的意義了，我在那個家重要嗎？從來沒人要我決定任何事，我覺得自己很渺小，在我們之間我找不到自己。」

他一口氣把這些年來累積的不滿，全說出口。

「既然你決定就好，我也不用一定要在這裡了吧。」

話一說完，他轉身就離開了。

原來這些年，在你的陪伴與照顧下，他努力掙脫了困境，也已經變了。現在的他需要找回自信、找回自己的人生，而你卻還是執意強行干預，以為那是愛他的方式，但現在的他卻已經不需要這樣的愛了。

愛一個人最對的方法是去了解他需要被愛的方式，並不是你自以為對的方向。

你長年如此對待，只讓他覺得自己是附屬品，沒有辦法表達感受、不能展現喜怒哀樂，更重要的是沒有可以掌握的未來。

也許這些年來他曾經試過不同的方式抗議，試圖拿回自己人生的主控權，但你並沒有發現或者選擇了視而不見，導致今天的大爆發。

兩個人之間的相處避免不了需要妥協，但妥協是各自的退讓，而不是只有單方的隱忍，隱忍久了只會引來更大的衝突。

如果兩個人在一起只是一味犧牲，沒有辦法成為更好的自己，或是遷就對方全然失去自己，這段關係就沒有繼續下去的意義。

你從來沒想過，離開一個人，反而讓你學會了愛情。

你們之間的問題從一開始就有了，只是當時的他自身難保，只能依附你。

但人是會變的，兩人之間的相處方式也應該要隨著改變，時間會給我們錯覺，以為一成不變就是幸福。

真正健康的關係是要隨著相處時間，無痛地調整出彼此最舒適的方式，才好繼續牽手下去，走到最遠的未來。

如果分手是雙方都覺得舒服的辦法，那也會是最好的決定。

分手反而能讓我們找到這段相遇的意義，也能教會我們愛情，懂得愛情真實的樣子不是只有燭光晚餐和鮮花，那些平凡的日常對話、衝突失望妥協後的和解，都是愛情裡真實的樣子。

我們見過了對方的美麗，也見識了彼此的醜陋，就算最後決定分手，並不會減損對方這段日子裡陪伴的意義，以及在人生中的重要。

每一段走不下去的愛情，在我們的人生中也都曾經如此閃耀過，只是有些相遇就只會是路過，留下一段回憶，帶著愛過的證明，我們都還要繼續在這條路上尋找可以牽起彼此暖暖心的那雙手。

我們因為愛而在一起，也因為愛而決定分手。

相愛過這一回，我想你已經懂了怎麼樣是好好地愛一個人，更重要的是，你也懂了該要好好地愛自己。

沒有一場相遇是晚到

微被控制狂：
每個人感情的空缺都免不了源自於童年時如何被對待。
喜歡被控制的人不是喜歡被責罵，甚至精神虐待，只是這樣被控制的狀態正是他感覺被在乎的方式。
代表對方把自己歸納為必須負責任的對象，而不僅僅是生命中的過客。
自己不再被當作是外人，不再是可以隨便留下、任意遺棄的人了。

我有個朋友從小父母雙亡，被姑姑養大，生活條件並不優渥的姑姑待她極好，視如己出。姑姑雖然還有兩個孩子，卻從來不偏心，盡全力讓他們三個人吃飽穿好，沒有偏差待遇。

從小到大來她沒有挨過罵，不管是調皮鬧事或不小心闖了禍，姑姑的責罵總是點到為止，因為這樣表姊弟還經常抱怨媽媽很偏心。

剛開始她還沾沾自喜，以為姑姑比較疼愛自己，直到有一次他們三個在跟鄰居孩子玩耍時起了衝突，鄰居媽媽上門來告狀，姑姑二話不說抄起傢伙打算好好教訓他們一頓，而她卻只被罰關進房間反省了一個下午。

隔著房門，她聽見表姊弟挨揍時的求饒跟哀嚎，沒有受到皮肉疼的她心裡卻浮現了一股異樣的感覺。

當天半夜睡到一半迷迷糊糊醒過來的她，聽見姑姑心疼地幫表弟擦著藥膏邊小聲說：

「你表姊沒有了爸爸媽媽已經很可憐了，不管她犯了什麼樣的錯，我都沒有辦法動手打她。」

她突然懂了些什麼，原來姑姑對自己並不是特別疼愛，而是客套，那是外人才會有的對待。

姑姑以為自己做到了公平，她卻明白了是因為被看成是外人，才會被當作例外。

從那一天開始，她才真正感覺到自己被留下了，只剩下孤零零一個人在這個世界上，真的沒有人把她當自己人了。

她突然變得特別懂事，課業突飛猛進，原本活潑好動，變得沉默寡言，她的童年在那一天提前畢了業。

不想再帶給姑姑過多的負擔，一考上大學她開始拚命打工，不再輕易接受姑姑的資助，姑姑以為她長大懂事了，卻不知道她是不想要再虧欠了。

她學著在成長這條路上自己面對所有問題，在沒有人可以商量的狀況下獨自摸索解決之道，養成了她不擅長訴說心事的習慣，因為沒有人真正在乎、反正說了還不是要自己去面對。

前幾個月，因工作上的接觸認識了一個男孩，原本只是客套生疏的關係，在某一個加班的深夜，男孩居然陪她聊到了半夜三點。

那天，男孩因為一個突發的緊急問題找上她，急著要跟她通上電

話說明狀況。正搭上高鐵到南部出差的她，表明當下無法通話。
當她到達定點及時解決了男孩的問題，對方表達萬分感謝之後，
突然叮嚀她要記得吃飯。

「都已經快八點了，你該不會還沒有吃飯吧？」

「還沒，要先趕去客戶那邊了解狀況。」她沒有想太多，據實以
報。

「這樣不行啊！先隨便吃個東西墊墊胃吧～我不吵你了，謝謝你
今天的幫忙～記得先吃點東西。」

原本以為已經結束的對話，在當天接近凌晨時分，手機上又跳出
對話框，是男孩來關心她有沒有順利搞定問題。

「還在測試中，現在發著呆等結果。」

從她這句回話開始，兩人一路聊到了凌晨三點。

沒想到他們居然這麼有話聊，她還真的在意起這個會認真責罵她
的男孩。

他講話並不特別溫柔，兩人熟絡之後更是對她毫不客氣，但關心
跟叮嚀從來不吝於說出口。常常叨念她不懂得照顧自己，她雖然
覺得溫暖，卻不曾好聲好氣回應、不曾乖巧收下這樣的好意。

但向來獨來獨往的她開始有了一些改變，不厭其煩對他報備起生
活瑣事，還常常把想購買的物品跟他分享。

「不可以！」男孩總是嚴厲責怪她亂花錢，而且專挑昂貴的品
牌。

說也奇怪，分明花的是自己的錢，但只要男孩說不可以買，她真

的會稍微克制衝動，停下來思考一下是真的需要，還是僅僅是想要。

或者，她會詳細說明為什麼非買不可，直到男孩答應才出手。

在這樣的互動中，她感覺到被在乎，填補了心裡向來空缺的那個角落。

她不是喜歡被責罵，甚至被精神虐待，只是這樣被控制的狀態，正是她感覺被在乎的方式。

對她來說，男孩的責備代表了真切的關心，代表她把自己歸納為必須負責任的對象，而不僅僅是生命中的過客。

那個總是伸長了手、期待被愛的孩子，終於被看見、被安撫了，她不再被當作外人，不再是可以隨便留下、任意遺棄的人了。

愛情的發生沒有公式可以推演，不過就是你看懂我的脆弱，我了解你的失落。沒有把它當成是勒索，更不會感覺被折磨，心甘情願為彼此停留。

一個人生活了這麼久，獨立慣了的她從來沒想過可以依賴任何人。

她一直以為只有自己夠強大，不成為別人的負擔才能夠被喜歡。

原來總會有那麼一個人出現，在他面前讓你願意不再逞強，他就是你願意脆弱的理由。

原來，總會有這樣一個人出現，會讓你明白沒有所謂的錯過或遺憾，他是過往那些為難的唯一答案。

孤單並不可怕

獨立失能：
過度依附對方並不甜蜜，反而會加重壓力讓人想逃。

四月中、十度春寒、在塞納河畔迷著路、你一個人。

縱使隔著千山萬海，但在我耳邊的你的聲音依然如此清晰。
「沒想到巴黎會這麼冷！」
你吸了口冷冷的空氣接著忍不住抱怨起自己。
「出門太匆忙了連件外套都沒帶。」
四月中的臺北正是宜人的好氣候，數不清是第幾次你一人飛往了歐洲，這次的目的地只有法國。
「巴黎人是該驕傲的，有這麼歷史悠久典雅美麗的城市，難怪他們要一天到晚對觀光客傲慢。」
迷著路的你依然一派輕鬆，輕易地原諒了不很友善的巴黎人。

你在小巷中隨意走動，好像光是置身在這樣的氛圍中就足以趕走尚未進食的飢餓感。
「你喜歡這個城市嗎？都來過兩次了。」你問。

我是愛旅行也愛歐洲，但要我隻身一人飛去歐洲，老實說我缺乏這樣的勇氣。

但你不是一個人，雖然上飛機的時候你是，但是，下了飛機踏上那片土地後，你有他。

他在那個城市等著你。

但他人呢？為什麼現在的你是一個人？

「他過兩天才能趕來跟我會合，我們計畫要去好多地方。」

你開心笑著、說著，我感覺到連臺北的空氣也充滿著香甜的氣味。

你們會一起去哪裡呢？我好奇地問。

「馬賽呀～尼斯呀，」你邊說邊回想著。「啊！他還提到一個釀白酒的小鎮希伯維列。」

當年《山居歲月：普羅旺斯的一年》這本書在臺灣狂賣的時候，年紀還小的我們只能聞著薰衣草精油、擦著薰衣草乳液，遠遠想望著那一大片紫色浪漫。

這麼多年過去了，普羅旺斯的薰衣草田我也早已親臨現場，但四月並不是薰衣草的季節吧？少說也還要兩、三個月的等待呀～

「Chamil 說我們就是去看海、看遊艇、吃海鮮。」

也是，只要對的人在身邊去到哪裡都是人間樂境。

「我幫你買了件性感睡衣喔～」

你笑得很開心，那次的通話就在我催促著你快去覓食劃下終點。

三年前你一個人在冬天去了南歐一趟，在西恩納那座古城遇見了他——Chamil。

在冬天的西恩納裡，時間像是靜止住了。

他在露天咖啡座悠閒地張望四周時，正好看見你像小女孩一樣在石頭路上蹦蹦跳跳著。

「小心～」

他一開口是濃濃法國腔的英文，在你差點重心不穩跌倒時出聲警告。

你對陌生人的善意回報甜甜的一笑，尋常的偶遇都會在這個笑容裡劃下句點。但是那天的陽光那麼暖，冬季的西恩納那麼美，這一切使得這個偶遇一點也不尋常。

兩個異鄉人希望這種讓時間靜止下來的魔力，可以發生在你們身上，你們比預計時間又多待上了兩天，他甚至還陪你回到翡冷翠過了一夜。

離別終於還是來到了眼前，你們約好了要再見，他當時的眼神好熱切，你也相信兩人同心可以克服一切難關。

在臺北的我繼續依照日常的節奏生活著，三天後的深夜又接到了你的電話。

「他沒有出現……我在旅館等了一天一夜，他沒有出現。」

越洋電話傳來你心碎的低語。

深怕錯過他，你連房間都不敢離開一步，但你說其實知道他是不會來的。因為那天跟我通完電話回到飯店你就收到一張留言紙，看著慘白的紙張你遲遲不敢打開。

三年過去，一千多個日子的分離，只靠冰冷的網路視訊怎樣能夠持續在西恩納燃起的熱情？但聽說你終於要來到他的城市，他依舊切切地盼望著。即使他已經有了愛他的妻以及剛開始蹣跚學步的女兒。

「比起他，我更有不道德的勇氣。」你自嘲地說。

當他終究沒有出現，你心裡是知道原因的。

「這趟旅行我還是要去完成，即使只剩下我一個人。」

你堅定地說著，我只聽見你的聲音在微微顫抖，好像看見你瘦瘦小小的身影，咬緊下唇把下巴越抬越高，努力不讓眼淚掉下來。

你在希伯維列打開了那張紙條，紙上簡單寫了一句話還有他的簽名。

I'm sorry。

你選了瓶白酒、回了封簡短的信一起寄給了他，然後簽上自己的名字。

Don't say sorry, because I'm not. take care.

「看著自己選的那瓶酒慢慢被包裝起來，我感覺到心中的某個部分也跟著死去了。」

回到臺北後在捷運旁的線型公園裡，我和頭上蓋著書本泡澡的小熊一起聽著你娓娓道來那幾天的心情。

「原來真正的孤單並不是你一個人隻身在異地，而是失去了那個以為會一直張開臂膀等著擁抱你的溫暖懷抱時，才會讓人真正地感覺孤單。」

聽你說完，我給了你一個大大的擁抱。
「雖然我的肩膀不算寬闊，但是體溫應該可以讓你暫時取暖。」
你笑了，嘴角有法國遺留給你的孤單。

孤單並不可怕，可怕的是當你把心給了一個人，並且篤定地把他
也放在自己心上，直到有天失去了他時你才發現，不但找不回自
己，連自己原來的那顆心也一起賠上要不回來了。

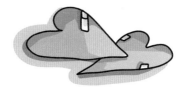

誰得為你的孤單負責？

獨立失能：
過度依附對方並不甜蜜，反而會加重壓力讓人想逃。

新年的第一天，電臺廣播節目裡兩個女人，丟出了一個call-in話題給聽眾：「新的一年，你希望自己的兩性關係可以有什麼樣的改善？」

接了幾通電話後，某個忠實的男聽眾上線了。

男人說：

「我希望新的一年，可以有多一點時間陪女朋友⋯⋯」

乍聽之下很讓人窩心的新年新希望，在兩個女人的追問之下，出現了更深入的問題。

「因為工作的關係，我都沒什麼時間陪她，我其實很內疚⋯⋯假日都得上班～聖誕節、跨年，甚至農曆春節都要輪班⋯⋯」

男人的語氣很無奈，對女友有著無限的心疼與不捨。

「那她呢？」廣播裡的A女反問。

「她都乖乖待在家裡，也沒有出去玩。」

男人像是心疼又像是炫耀般說道。

「為什麼？她沒有朋友嗎？」

廣播裡的B女不解地發問。

「她……沒有什麼朋友。」

男人遲疑了一會兒，才說出實際的狀況。

「那，老實說，你會不會覺得她一直在等你，讓你很有罪惡感、壓力很大？」

B女一針見血地問。

「會呀～所以我有跟她說，叫她要多交些朋友……但是……她反而跟我大吵一架。」

男人很無奈地回答。

「所以，你的新年新希望應該是：希望你的女朋友可以多交些朋友……」

A女擅自下了這個決定，算是幫他改掉了新年新希望。

這段對話在一陣嘻嘻哈哈的喧嘩中結束了。

這個話題引發的疑惑，擺在我的心中，一直到去聽陳昇跨年演唱會時發酵了。

當他唱出第一張專輯《擁擠的樂園》裡的〈責任〉時，我想起了那三個人的對話。

「假如你心裡只有一個人　我當然是你的唯一
假如你追究孤獨的責任　那一定都是我的錯」

不知道為什麼，我掛念起那個素昧平生的女孩。

女孩，當男人說他願意一肩扛起讓你孤獨的責任時，可有讓你感動到熱淚盈眶？

女孩，當你感覺到孤獨寂寞，到底誰要為這件事負上絕大多數的責任呢？

熱戀的時候，他恨不得二十四小時都跟你膩在一起。

沒有時間去想孤不孤獨，因為你的時間總是被他占據。

但是，天性愛狩獵的男人，心態很容易達到「穩定」的階段，也許你們才交往了幾個月，他就覺得安全了，把你這個獵物擺在洞穴裡，繼續安心地出門狩獵，他覺得是為了這個家庭，甚至是為了你們的未來溫飽而努力著。

但是女人的心態卻沒有這麼容易調適過來，曾經朝夕相伴、細心呵護著你的人，突然在轉瞬間抽離，忙到沒辦法事事陪伴，你大可責怪他是「變心」了——「變得對你太過於放心」。

他卻以為你也跟他一樣有了共識。

但他不知道，你就算是強壯到可以一肩扛起瓦斯桶，也寧願他陪在身邊，一人扛著一桶瓦斯，手牽著手慢慢散步一起走路回家的道理。

女人就是喜歡「陪伴」的感覺，不然為什麼女人總愛相約一起手牽手上廁所呢？

但親愛的女孩，喜歡陪伴，不想孤單，其實，應該要從學會跟自己相處做起。

每個女人在還是女孩的時候也都曾經像你一樣，每到假日就排開

所有邀約，只因為他說這個週末「可能」可以一起看場電影。

你從一早起床就做好準備，齋戒沐浴後裝扮好自己，等著等著等到天黑，等到淚乾了又濕。

最後，只等到他滿懷歉意的疼惜。

他說下次不會了，但是下次你又經歷一模一樣的輪迴。

別再這樣過日子了，你最該做的是把心境清空，留一些時間給自己。

喜歡窩在家裡就聽聽音樂、看看一直想看的影集、那本朋友推薦讀了一半的小說已經擺在角落好久、需要整頓整頓的房間、瑣碎待處理的家事。

總之，享受一個人的午後，體會獨處的快活吧～

天氣太好捨不得不出門也很好，逛逛沒人肯陪你去的展，跳上公車去山上享受芬多精，還有最迷人的瞎買行程，等著你放肆採購、好好滿足。

當然，朋友也很重要，除了戀人，你應該有其他的朋友，女人比男人更有耐心聽你傾吐心事，不能對戀人說的，就跟朋友說吧～

三五好友聚在一起，即使只是漫無目的的閒聊卻也十分療癒呢～

談了戀愛不是要你把整個生活重心都放到他身上，他也只是普通人，久了，除了壓力，他會感受不到快樂或甜蜜。

親愛的，沒有人得為你的孤單負責，除了你自己。

堅強不必理所當然

獨立戒斷症候群：

獨立慣了的人無法放心依賴，當突然被要求停止太過獨立，必須嘗試著依靠旁人，免不了陸續產生一些身體或心理上不適的戒斷現象，像是失去安全感、對旁人的關心嚴厲拒絕，甚至過度劃清與旁人的界線。

看似獨立的人脆弱時往往羞於表現，向來可靠的自己卻要被別人擔心，你過不了自己這一關，更無法面對那樣驚訝或同情的眼光。

大多數人的獨立是童年時期養成的個性，也許不見得有多苦痛但肯定經歷一番掙扎。後來的你雖然很能享受獨立的自由自在，卻難免在不想那麼努力的時候，才驚覺自己根本早已沒得依靠，感覺到心累。

這麼多年來的獨立，旁人早就把你的堅強看做是理所當然。

對獨立慣了的人來說，要放心去依賴另一個人，不是件容易辦到的事，當突然被要求停止太過獨立，嘗試著去依靠旁人，免不了會陸續產生一些身體與心理上不適的戒斷現象，像是失去安全感、對旁人的關心嚴厲拒絕，甚至過度劃清與旁人的界線。

你是不是也有「獨立戒斷症候群」？

你最近一次發作是某一個再度工作了太久的夜晚，累到像是多走上一步都沒有力氣。在那個夜晚打敗你的不是堆積如山趕著結案的工作，而是一張結婚喜帖。

好笑的是，這個寄來喜帖的人，甚至不是什麼餘情未了的某某前任，而是你的至親、是你超級要好的朋友，就要結婚了。

你心裡當然替她開心，但心中難免有一絲被背叛的反感，還有向來安全的防護網被攻破了的脆弱，更聯想到自己當下的困境。

以往被旁人挾著關心的名義騷擾時，你其實不太感到焦慮，身邊這些同樣處境的優秀未婚大齡女子正是最好的依靠，你們同理對方的為難，婚姻向來不是你們人生的第一選項。

但如今這樣的安全防護網卻陸陸續續各個被攻破，這些年她們不動聲色迅速上岸，把捧花當救生圈一樣指名丟向你。

你這才明白了原來大家的從容都是在假裝。

就要結婚的她是朋友圈中僅存的幾位單身女子，是一個跟你完全相反的女孩，有著就算刻意想模仿都學不來的嬌媚與溫柔。

她工作能力強經濟獨立，但面對生活瑣事處理身段柔軟，該開口求助時從不遲疑，這才是最讓你瞠目結舌的地方，因為你真的辦不到。

你也不是沒有脆弱的時候，只是習慣了獨自面對困難，總是不假思索壓抑自己的難過，比起示弱，堅強是你更擅長的角色扮演。

獨立活在你每一次的呼吸之間，隨著血液的流動貫穿你這個人。

你完全承認自己其實一點也不想要這麼獨立，但對你來說開口求助往往更加困難。

你不只一次被交往的對象抱怨過，他似乎一點也不重要。

你從來不要求對方接送上下班，不必每天視訊通話，甚至忙起來一週也不見得需要見上一面。

你總是把自己過得太好，好到對方總覺得不被需要，然後就散了。

除了自己以外的人，不管是什麼事，只要必須開口，你總是會覺得麻煩對方，相當為難。

你抑制不了需要別人幫忙時，必須開口的尷尬跟難為情，為了避免經歷那些情緒，你選擇了拒絕求救那就永遠不會被拒絕，不給別人傷害你的機會。

說穿了，你就是預設了自己不值得讓別人浪費時間，也認定了不會有人願意拿出善意幫助你，才造成開口求助對你來說如此難以啟齒。

但是人與人之間的感情大多是藉由相互的付出與幫助建立起來的，倔強地拒絕對方的付出，當然無法維繫好一段穩定的關係。

這一路走來你如今擁有的這些小小成就都是靠自己拚出來的，你有著不得不強大的理由。

但這也並不代表接受別人的幫助，就顯得你軟弱甚至一塌糊塗。

那些在分手時刻意貶低你、指責你的人，只是想藉由傷害你讓你後悔自己的轉身。因此你更應該明白，你的離開正是為一段錯誤的感情做到的最對的收尾。

你不必藉由豎起高牆隔絕旁人來表現自己的獨立，可以依賴對方才代表你願意完全交出自己。

那些你顧慮會麻煩了他的瑣事，卻正是他被你需要的證明。

而這些需要是兩人之間的羈絆、是他最想替你分擔的重量，有著他最想被依賴的心情。

那天終於撐著回到了家，稍晚你就莫名其妙發起了高燒，生起這場病讓你感覺自己特別軟弱。

你在迷迷糊糊中，忍不住撥了電話給交往中的男人，一聽見他低沉好聽的嗓音，你毫無理由地大哭了一場，連話都說不清楚。

隔天醒來，燒退了，看見男人睡在沙發上，廚房爐上暖著一小鍋粥。

你這才回想起來，放不下心的男人昨晚夜半驅車前來照顧你。

深深的愧疚感又湧現，你覺得自己麻煩了他。

男人醒了過來，心疼地看著你，急急忙忙探了探你的額頭，你突然鼻頭一酸倒進他的懷裡。

「怎麼了？還是很不舒服嗎？我們去看醫生好嗎？」他心急追問。

好暖的懷抱，好暖的「我們」。

你心想。

毫無預警的你又開始掉淚，但這次是開心。

面對男人的追問，你邊哭邊笑還一直搖頭。

「沒事啦～只是想要抱著你，想要聽你說『我們』。」

放下好強，你終於願意從坦白自己的心情開始試著學會依賴。

誠實又殘忍的答案

曖昧成癮症：
曖昧有時是為了觀察雙方的適合度，有時是為了存夠把那雙手牽起來的勇氣。
曖昧讓人上癮的地方在於：可以擁有戀愛的甜度卻不必負擔戀愛的重量。

「男人是很懶惰的動物。」
跟我講這句話的男人，用很誇張的語氣及臉部表情強調了「很」這個字。
「除非對你有興趣，不然不可能花過多的時間、精神在你身上。」
根據這句話，我總結了一對男女如果天天混在一起，卻什麼事都沒發生的原因有三種可能。
第一：他是GAY。
第二：你不是他的菜。
第三：他根本沒朋友。

初秋鬧區的街邊聽我分析著這三種可能，不到三十歲的男孩除了忙著打量不停路過的辣妹，還輕輕蹙起了眉頭。

好像不太贊同我的論調，卻又不知道怎麼反駁。

「不會沒有朋友呀～」

等了半天只有這樣一句弱弱的回應。

「當然還是有男生朋友，只是有些事好像對女生比較說得出口。」

「所以才一天到晚找她？但她不是你的菜呀～你根本沒有把她當女生看。」

我又推回了自己的總結。

「嗯～」他不是很服氣我的總結，還在企圖掙扎。

「當然還是有別的朋友呀～但既然跟她一起習慣了，就不用找別人，不然好麻煩。」

「哪這麼怕麻煩？」

我忍不住翻了翻白眼，而男孩連多跟我解釋一句都懶。

「但你又不是喜歡她，想跟她在一起。」

我進一步逼問。

他點了點頭。

「是沒有這樣的念頭，也從來沒有對她有過喜歡的感覺。」

我打從心裡討厭這麼誠實又殘忍的答案。

就像《真愛挑日子》（*One Day*）這部電影的 Dexter，我始終看他不順眼。

由安‧海瑟薇與吉姆‧史特格斯主演的愛情電影《真愛挑日子》，兩人從大學畢業那晚的相遇一路糾纏了十七年，持續著似有若無的愛情。更因為這幾年來討論度一直很高，也有了拍攝影集版的計畫。

Dexter也總是很誠實又殘忍地對Emma說：

「我還沒準備好，我們要的是不一樣的東西～」

所以，他總用一種自私又自以為無傷的方式對待Emma。

只在自己需要被撫慰的時候出現，Emma其他時間的喜怒哀樂不歸他管。

在Emma失去信心，覺得自己要被這個大城市吞沒、一輩子都要困在油膩膩的墨西哥餐廳時，他也並沒有伸出援手。

也許他以為他有，但他的做法卻只是重重踹了她一腳。

「但我確實有這樣的朋友呢～可以無所不談，沒有曖昧情感的異性朋友。」

在大男孩離開去赴打籃球的約後，坐在長椅上另一邊我的朋友這樣回答我。

「而且我前兩天才覺得很慶幸，自己居然可以擁有這樣的朋友。」

她邊笑著，眼睛彎成了開心的線條。

「但這樣的感情是不是在年輕的時候很難，必須要有點年紀才能夠真正做到？」

她想了想，點了點頭，算是同意了我的說法。

畢竟在荷爾蒙過剩的年紀裡，男人總是急著撲倒對方證明自己的能力；女人則是散發著誘惑想讓對方撲倒，好證明自己的魅力。

所以當兩個人在荷爾蒙好發的年紀裡相遇，卻可以以「朋友」之名維持十幾二十年的友誼，理由無他，是一方自私地將對方視為理所

當然，是另一方的無私卻接近病態偏執的愛，不論對方多麼混蛋始終沒有放棄被召喚，就像《真愛挑日子》裡的他們。

而這樣的情感維持這麼多年還有一個真正的原因……

因為每個人都太愛自己。

人終究最愛的還是自己。

當初先選擇放棄的是Emma，她逃避去面對多年來暗戀Dexter的感情，她太愛自己了，不想受到傷害，已經預設了會被拒絕，所以選擇逼著自己繼續只當Dexter的朋友。

而Dexter呢？

這十幾年來他不是沒有想「要」過Emma，但那只是欲望。

他很清楚Emma喜歡自己，問題是每個人都喜歡他，這並不是他的錯，他就是這樣討人喜歡。

所以他挾持Emma對他的感情，一次次勒索她的關心。

直到他的人生陷入低潮時，還是想到她——垃圾桶兼床伴。

如果多年來你們始終在彼此身邊卻一直沒有在一起，那麼肯定有不該在一起的理由吧？

是他不夠喜歡你，還是你不夠喜歡自己。

如果他夠喜歡你，怎麼會捨得讓你無止境地等待。

如果你夠喜歡自己，就不會讓自己困在一段沒有希望的關係中這麼久。

屬於你的誠實又殘忍的答案是什麼？你能夠接受嗎？

一點也不安全的曖昧期

曖昧成癮症：

曖昧有時是為了觀察雙方的適合度，有時是為了存夠把那雙手牽起來的勇氣。

曖昧讓人上癮的地方在於：可以擁有戀愛的甜度卻不必負擔戀愛的重量。

她一直相信成為情侶之前一定要經歷「曖昧期」。

但與其說是「曖昧期」，在她心中的定義應該稱之為「觀察期」。

他的確讓我心動，的確讓我想進一步認識他，但相處過後呢？我還能夠繼續一樣被他吸引嗎？他的地雷我避得開嗎？我的堅持他能夠理解接受嗎？

這些每個人的小怪小癖能夠被笑著看待嗎？

沒有人知道，除非經過相處。

她跟男人曖昧了三個月，終於共進了晚餐，一整晚燈光美、氣氛佳。

送她回家的路上，男人還忍不住吻了她。

她開心到要飛上天了，覺得街邊的路燈都對著她微笑。

她和男人相差六歲跨過了一個世代，難免有一些些落差但相處得很好，經過這一百多天的「觀察期」她很有把握跟信心，他們如果真的在一起一定可以過得很開心。

雖然一開始她是有猶豫的，讓她遲疑是因為男人有時的陰暗，常常避談心事，後來聽他聊到經歷過婚變這樣的打擊後，她也就釋懷了。晚了這些年才認識，趕不上在心碎那時撫慰他，但她確信自己可以和男人一起創造更美麗的幸福記憶。

於是他們繼續密集約會了一個月，誰知道「曖昧期」居然還沒結束。

他們的關係始終停在「我到底是你的誰？」這個關卡上。

有些親密的動作還不能放膽去做，有些甜蜜的話語還不能大膽去說，但兩個人在一起的時候心裡還是甜甜的，男人看著她的時候笑容也總是收不住。

他們是在戀愛中，她卻還不能夠放下懸在半空中的那顆心，她覺得被男人隔在一段距離之外，她還不能夠完全貼近他。

甚至她還不能稱他作自己的男朋友。

後來，終於在一個週末夜他們上床了，過程激烈美好，男人表現得溫柔又勇猛一切似乎都很完美，似乎。

她以為這樣子應該確定了兩個人的關係了吧？

應該可以很理直氣壯地說他們在交往中了吧？

她可以大聲宣告自己告別單身了吧？

男人開始頻繁地在她家過夜，接下來的一個月他們幾乎天天互道晚安又在親吻中道早安。但她說服不了自己可以真正地打從心裡笑出來，似乎還是有些什麼地方不對勁。

沒過多久她終於弄懂了那個不對勁。

男人從來不讓自己去他家。

在曖昧初期他曾經聊到費盡了多少心思去裝潢布置那個家，當然是跟那個堅持離開他的女人一起做過的努力。

「一個溫暖的家不只是把房子弄得舒舒服服這麼簡單，它是記憶的累積、是兩個人相愛的證明。」他曾經這樣敘述他對家的想法。

他很滿意那個不是太大卻舒適溫暖的小窩，但是，他從來沒有開口邀約她去。

即使是他們已經這麼親密的現在，她依然不受歡迎。她不只一次明示暗示想到他家去一起做頓飯或是過夜，他總是滿口答應卻又在最後一刻反悔。

有一天她終於忍不住下了最後通牒當面問他：「我們現在是什麼關係？」

他叉起一塊鮮嫩的牛排放入口中品嘗，故作輕鬆裝傻地反問：「什麼意思？」

「我跟你，我們兩個人現在這樣到底算什麼？是什麼關係？」她壓抑脾氣慢慢地解釋。

「是什麼關係很重要嗎？你不是常說不想想太多，現在開心就

好？難道你現在不開心嗎？」

男人啜了一口紅酒，慢條斯理地再度用反問的問題，企圖回答她。

「我原本是很開心的，但總是被拒在你家門外，這件事讓我很不開心！」

「改天一定帶你去呀～」

聽到男人又說出「改天」這麼馬虎的安撫招式，她終於爆發了。

「改天？是改到西元哪一天？你可以常常到我家過夜，為什麼我連你家的大門長什麼樣都不知道？我算是你的女朋友嗎？還是只是很聊得來又很常一起吃飯的炮友呢？」

面對她的爆發，男人還試圖安撫：

「別生氣嘛～你這麼想去我家～那待會就去好不好？」

「不好！」

她越想越火大，深深吸了好幾口氣後，她看著男人一字一句地說：

「不要因為我想去而帶我去，你明白自己根本不想讓我踏進你家～對你來說帶我去『那個家』會摧毀你和她的記憶，所以你辦不到。」

男人面對她的指責沉默以對，他的默認讓她心痛，她從來沒想到自己不但成為他和早已不愛他、離開他的前妻之間的小三，在他心中還是個會破壞美好記憶的愛情怪手，他深怕自己一踏進屋子就會毫不客氣亂敲猛砸，把所有的美好夷為平地。

她原本以爲「曖昧期」很安全就像在泳池裡游泳，累了不想玩了雙腳一蹬隨時可以走人。

她原本以爲「曖昧期」等於「安全期」，只要小心一點就不會有人受傷。

她現在才明白就算是「安全期」都不見得安全了，更何況是「曖昧期」呢？

「曖昧期」不但一點也不安全，傷起人來跟真正的失戀一樣痛，卻無法像真正的失戀一樣正大光明地傷心難過。

這一次她真的受夠了「曖昧期」了。

如果有一天

曖昧成癮症：

曖昧有時是為了觀察雙方的適合度，有時是為了存夠把那雙手牽起來的勇氣。

曖昧讓人上癮的地方在於：可以擁有戀愛的甜度卻不必負擔戀愛的重量。

「如果有一天，我們都看盡了人生的風景，累了倦了只想安安靜靜過完接下來的日子，而身邊又沒有別的人。

「那麼，我們就在一起吧～」

聽到這樣的話你會很感動嗎？

坦白說，其實我覺得挺火大的。

這句話的簡化版本大家也很常聽說，那就是：

「等到我們三十五歲的那一天，如果都還沒有結婚，那麼，我們就在一起吧～」

每次聽到這樣的話，不管是在電影或小說裡出現，我心中浮現的疑問就是：

「為什麼不是現在？為什麼一定要到三十五歲？為什麼一定要拖到那麼多年的以後？」

更大的疑問是：

「現在的他到底有什麼不好，讓你不想現在立刻好好跟他在一起？」

沒有人知道在經過那麼多年後等到我們都真的長大了，在接近三十五歲的年紀時會發生什麼事情或者已經發生過哪些事情。

你會不會變心愛上別人早就不記得他？

他會不會絕頂又凸肚讓你怎麼樣也愛不下去？

沒有人知道在等著要在一起的這些年，彼此的人生會發生什麼變化，天災人禍那麼多誰有把握一定見得到明天的太陽？

可以肯定的是，等到真的接近三十五歲的那幾天，還記得這個約定的人應該是對現狀不滿的人。

對自己現況滿意的人幸福都來不及了，誰還會記得那個遙不可及、曾經的約定？

還記得的人懷抱著一絲絲的希望，把自己人生可能幸福的機會交付在這一個殘破的約定上。

於是，他會先試探對方是不是還記得，如果還記得也許可以相約見面之後，然後把年紀再往後挪。

是的，那麼我們先把這個約定延後到四十歲好了，等到我們都見夠了這世界的風景之後。

因為他始終不是你的第一選擇，所以即使是在過了這麼多年的現

在，你孑然一身還是沒辦法說服自己跟他在一起。

你還不能甘心。

但不弄個備胎感覺隨時有人在的話，又怕自己當真孤老一生。

所以就設個門檻把他擺著也是為了把他隔絕好。

不能跨過來喔～因為你還達不到我設定好的條件。

其實就是因為你不想委屈自己去跟他在一起。

伴隨在「如果」之後那些沒有說出口的條件是什麼？

如果你再瘦一點就好了～

如果你再文靜一點就好了～

不夠喜歡的理由我們可以清清楚楚列出一百個，但喜歡的理由卻常常含糊到自己都說不清楚。

當「如果有一天」這句話被說出口，代表了一個最完美的藉口跟不能在一起的理由，這情緒裡沒有太多羅蜜歐茱麗葉被硬生生拆散的無奈，也不是梁山伯祝英台下輩子誓要結連理的淒美。

下次再有人跟你說「如果有一天」這樣的話，不要傻傻地以為自己在他心中占有一個特殊的地位，也不用癡癡倒數著還有幾天你天大的幸福就要來到。

因為，「如果有一天」其實就代表永遠不會有那麼一天。

實情就是你一輩子都無法變成他想要的樣子，他永遠也不會真的愛上你。

女人才的陷阱題

疑心病過盛：
到底是不相信自己、還是不相信他？
到底是不相信愛情、還是不相信你們的愛情？

學生考試最怕碰上陷阱題，稍微一個不留神就拿個紅字回家。

男人戀愛也怕碰上陷阱題，總是小心翼翼，不知道怎麼回答才是
女人心中的標準答案。

男人覺得女人問話總愛拐彎抹角，好像直來直往的對話不夠滿足
女人折磨男人的樂趣。

到底為什麼女人想說的話總是不能直白地問、直白地講呢？

拜託！每句話都挑明了說，那有多害羞？更別提會掀起多少波瀾。

「我想要你賺的錢都給我花，我自己賺的也給我自己花！」

「我想見到你的時候你要立刻出現，覺得你很討厭的時候你要立
刻滾蛋！」

「我想要你！現在！立刻！上床！」

這些話哪裡能夠直接說出口呀～

更何況，現在的女人最常被詬病的其中一點，不就是說話毫不修飾、越來越像男人嗎？說穿了，男人骨子裡還是喜歡女人保有「猶抱琵琶半遮面」的羞怯，畢竟這是最最吸引男人的女性特質之一吧。

到底，男人有多常聽到陷阱題呢？會不會有時候連他們都渾然不知自己正一腳踏進陷阱呢？

我們就來好好研究研究女人的陷阱題。

「今天要加班到好晚喔～但沒關係啦～我可以自己回家。」

如果男人聽到類似這樣「假獨立真撒嬌」的話，就樂得呈大字形躺在家裡打電動、看球賽的話，女人當然不會生氣。

畢竟話是自己說出口的，但在說出這樣「懂事」的話時，她心中免不了還是存有期望。走到公司大門還是免不了左右張望一下，她忍不住偷偷地想，會不會你還是出其不意地來接她回家，畢竟她都說了要加班到好晚，你應該會心疼，捨不得她吧？

她不是不能自己回家，只是更期待你偶爾的體貼。

所以如果不是太麻煩，你也不是太疲累，時間上又剛好來得及，那麼去接一下夜歸的女人會讓她很開心，也會讓你在她心中大大加分。

「我最近變胖了或是我最近好像曬黑了。」

許多鋼鐵直男在面對這類問題時總是過分誠實，他會先仔細打量自己的女人，認真程度堪比研究基金股票最佳進場時機，接著點

頭如搗蒜地說：

「對耶！眞的。」

接著滔滔不絕說出自己覺得女人最近的變化。

女人雖然口頭上會永遠嫌自己不夠瘦、不夠漂亮、不夠吸引人，但眞正讓她害怕的是對你來說她不夠瘦、不夠漂亮、不夠吸引你。

她隨口說出的這些話，只是她在那一瞬間的沒安全感，不管你眞正的感覺是什麼，給她正面的鼓勵而不是嫌棄的語氣是唯一正解，也是你唯一的活路。

「你愛我嗎？」

也許在女人的撒嬌或逼迫下，你已經講過「我愛你」這句話無數次，但女人還是三不五時就會想問一下男人：「你愛我嗎？」

男人無法理解爲什麼女人這麼愛問這些話？

「你愛我嗎？」「你有想我嗎？」「你覺得我漂亮嗎？」這些沒有意義的甜言蜜語爲什麼女人怎麼聽也聽不膩？

她當然知道你不愛她、不覺得她漂亮的話也不會跟她在一起，她也知道你工作再忙都記得打電話給她，就表示你總是掛念著她。

雖然你總是沒辦法像她那樣自然而然脫口而出「我好想你」「我愛你」這些話，但**大部分女人生理構造裡那個「愛滿足」的按鈕應該一輩子都是故障狀態，她們拿自己一點辦法也沒有。**

對付這樣的狀況，男人千萬要有耐心，只要有一次回答得不耐煩，就會換來女人更多的追問以及日後頻繁的確認。

兩害相權取其輕，你自己看著辦吧～

「生日沒有什麼特別想要的禮物。」

這句話女人常常說得萬分眞切，眞切到本來存疑的男人也終於完全放心而果然毫無準備。

女人當然是眞心地體諒你，擔心會增加你的經濟負擔，她會告訴自己有心最重要，只要有你陪伴沒有燭光晚餐或是任何禮物都OK。

只是……

誰不喜歡收到禮物？再怎麼懂事的女人，還是需要一個實際的物品來標記你們的愛情。

她需要的是一個提醒，不必太貴重卻能感到暖心，讓她在忙碌的日常生活中，見到這個提醒會想起你，想起你們的愛情。

因爲你用心去準備了才顯得這份禮物貴重，她在乎的不是實際價值。

「你不要理我，我現在不想跟你講話。」

吵架的時候，女人很常丟出這句話，而這句話讓男人相當兩難。

不擅長處理艦尬場面的男人，當然巴不得眞的不理她，但應該也不至於蠢到立刻轉身走人吧？眞的不理她、把她一個人丟著，是可以的嗎？男人心中充滿了大大小小的問號。

女人容易心軟，尤其是面對心愛的男人時。

而男人既然平常都厚臉皮習慣了，現在正是最應該要死皮賴臉待

著、等她氣消的時候。千萬不要甩門走人，那只會讓女人更加受傷，懷疑你對她的愛已經消逝。

女人的陷阱題還有千千萬萬，而且沒有一題有標準答案。

男人啊～你都知道這是陷阱了，問題是你甘心往下跳嗎？

女人設的陷阱無非就是想捕獲你這頭獵物，問題是你甘心往下跳嗎？

是的，這也是個陷阱題，但我可以給你一個萬無一失的標準答案。

「親愛的，為了你什麼陷阱我都跳，人生中只要有你，我可以不要自由。」

輯三
重度

愛情病

再病也要愛下去，
再愛也可以帶著病。

面對別人的示好 不是滿心歡喜地接受

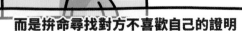

而是拚命尋找對方不喜歡自己的證明

會覺得他是不是哪裡搞錯

他所看見的肯定不是真實的你

渴望被愛卻又不相信真的會被愛

而愛情的巨大吸引力不是夠理性就可以抗拒得了
只要對方稍微示好 就毫無防備接納對方

相處了之後就算問題再多也不願意停損

除了是捨不得這段感情之外
更多的是對自己的沒有把握

你不相信自己值得再被誰愛

總以為是因為自己夠有用他才會喜歡你

夠聽話 夠懂事 夠堅強 夠獨立

以為不計較地付出才能留住一段感情

你一直很努力 努力想讓自己被喜歡

努力想討好一個人 讓他願意一直留在自己身邊

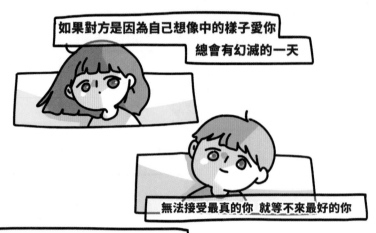

當你戒除刻意迎合別人的習慣
會發現日子居然可以如此輕鬆自在

因為不再刻意討好而離開的人
慢走不送人生自然更加清爽

你的付出不該是理所當然 他該好好感謝這所有難得

安全感是從不刻意討好
　　不害怕被討厭　懂得尊重自己

慢慢一步步建立起來的

安全感足夠的人從來不擔心自己不會被愛
　　因為他擁有自己的愛　是一輩子都不會背棄　最充足的愛

不費力去討好別人 只要真切地做自己

自然會因為自己夠可愛 引來別人的愛

而這樣的安全感沒有人給得了你
只能從你先好好對待自己開始

You take Me for granted

分離憂鬱症：
距離或時間造成的分離難免造成難以化解的憂鬱，只能靠愛人的耐心
一點一點慢慢化解。

每個人都渴望全心全意被愛著，愛人的所有心思最好都全放在自
己身上，即時回應你的喜怒哀樂。

只是凡事都有彈性疲乏，當你將一個人視爲理所當然的存在，他
的付出、他的關愛就容易被你忽略，很自然地你就感覺不到愛。
你以為自己不再被愛了，是因為他的關愛對你來說已經如同空氣
般的存在，你忘記了每分每秒其實你都仰賴著它生存下去。
要一直到你不再被那樣的愛包圍的以後，你才會察覺到……
其實，你眞實地被愛過。
胃痛的時候，我們才感覺到胃這個器官的存在。
手扭傷了，我們才了解一些生活細微的動作，小到像扣釦子或夜
半冷醒，想把被自己踢開的被子拉回來，凡此種種有多麼困難。
這是人性我們沒有辦法改變，只能隨時提醒自己不要總在病痛時
才想到要珍惜身體。

在美國影集《實習醫生》（*Grey's Anatomy*）某一集裡，要進行
一項重大的手術——六組人馬同時進行換腎。

整個醫院上上下下都為這歷史性的一刻感到興奮，院長千叮嚀萬
交代所有主治、住院、實習醫生，都要仔細看顧病患的生理狀況
以及情緒起伏。

在這其中有一對夫妻，丈夫需要換腎，妻子卻無法捐腎給他，但
丈夫幸運地跟另一位病患的抗體配對成功。

當這對夫妻在病房裡安頓著住院事宜時，妻子小心翼翼地照顧著
丈夫。

丈夫開口要求喝水，妻子緊張地說：

「親愛的，你的腳踝有點腫，要不含口冰塊解個渴就好？」

面對妻子近似神經兮兮的謹慎，丈夫諷刺地對在場的醫護人員說：

「我太太很留意我身體體液滯留的狀況。」

他的回答讓妻子很尷尬，也讓在場的人都面面相覷。

等待這個大手術進行之前，每個人都有家人陪伴著，除了一位年
輕的女人。

在等待室裡其他病患及家屬都用崇敬的眼光低聲討論著她，突然
這位緊張兮兮的妻子走到她面前，牽起她的手，哽咽地說：

「我真的不知道該怎麼形容我心中的感謝……我只想跟你說，你
正要做的事很偉大……」

原來，在場六組換腎、捐腎的組合中，只有她跟在場的病人是完
全沒有任何關係的。

其他人不是夫妻、父子、母女就是親友，他們或許不能捐腎給自己的親屬，但他們的抗體卻跟另一個需要換腎的病患配對成功。也就是說，在場六組換腎捐腎的組合是互相交叉配對、缺一不可的，他們之間的關係像是骨牌效應，推倒了一個，其他就會跟著潰散。

聽著這位妻子的感激涕零，年輕的女人突然崩潰了。

她哭喊著說：

「我不想再被他們那樣說！我沒那麼偉大！我要你去跟她說清楚！除非過去這三年對你來說一點意義都沒有！！」

她視線望著的對象，正是坐在輪椅上那位對自己的妻子冷嘲熱諷、等待換腎的丈夫。

他低著頭不發一語。

「我捐腎給你是因為我愛你，我才不是什麼好心的陌生人！」

年輕女人的話才說完，在對質的兩人身後，那位妻子崩潰了。

「你為什麼這樣對我，我為了你辭去工作專心在家照顧你，我整個人生都給你了……」

「我從來沒有要求你做這些！」

丈夫不耐煩地打斷她，理直氣壯地繼續說：

「我只是病了，並不是老了，你說的這些事我都可以做！！我可以自己倒果汁、吃藥、每週兩次開車到醫院做透析……」

事情後來的發展演變成崩潰的妻子拒絕為這個背叛了她三年的男

人，捐腎給另一個人。

妻子的決定推倒了第一塊骨牌，眼看其他人也將失去這次難得的、可以重新獲得健康的機會。

人性的良善最終還是戰勝了一切，六組換腎捐腎人馬全都平安完成了手術。

後來，在完成手術的男人病床旁，實習醫生對他報告術後狀況：

「你的排尿量提升到每小時25cc了，應該覺得很開心吧～」

男人雙眼發直地看向牆角，無奈地說：

「我老婆聽到的話一定會很開心的，但是現在……還有誰會在乎我的排尿量是多少呢？」

曾經，他一直在你身邊對你無微不至地呵護，但你覺得一切太平淡，甚至覺得煩人。

你要轟轟烈烈，你要聽他每天說愛你，還得要用不一樣的方式形容或表達。

明明知道說過的話飄散在空中，瞬間就不見，但我們卻總是貪圖著要聽見好聽的話語。

你不肯去好好感受他所做的一切，那一些在我們眼中、在尋常日子裡、在一般生活中都平淡無奇卻又相當需要的種種。

我們總把這些瑣瑣碎碎視為理所當然，也無怪乎許多愛到筋疲力盡，終於要離開的人最後只會留下這一句話：

You take me for granted。

不要把我視為理所當然，我並不會一直都在的。

我想在你家過夜

分離憂鬱症：
距離或時間造成的分離難免造成難以化解的憂鬱，只能靠愛人的耐心
一點一點慢慢化解。

情人交往的感情進度在外顯行為上，有許多階段遠比內在心理狀
態更加分明。

有些人很有原則與堅持，必須一步步由淺到深來執行。如果，三
步併兩步跳著來，對她而言是不被允許的犯規行為。

一定要先牽手才能親吻，親吻過後有愛撫觸碰然後才上床。

當然也有根本不在乎這些程序的人，也許已經上過床卻還沒有在
大街上牽過手，又或者先親吻愛撫牽手一起來卻又拖了一陣子才
上床。

每個人心中有自己的進度表，除了情人根本不需要跟任何人交
代。

那麼關於心理狀況的交往階段呢？

相對來說似乎是個比較難以釐清，或者是很多時候連自己都搞不
清的狀況。

更多時候是事情逼在眼前了，連自己都才在那要命的一刻發現……

「啊～原來我還沒準備好！」

啊～原來我還沒準備好，要跟他認真地定下來交往。

啊～原來我還沒準備好，要公開我們之間的關係。

啊～原來我還沒準備好，要一輩子就這樣跟他過了。

不然也不會有這麼多的落跑新人了。

兩人交往到一定程度時，遲早要面對一個永遠不會準備好的狀況：「一起過夜」。

「一起過夜」這件事在一開始讓人永遠不會準備好的原因，並不是每個人的性能力或技巧，而是「這個夜」充滿了太多太不可預期的變數。

對女人來說要過「這個夜」必須先做的前置作業很多。

除了心理上的準備外，女人很在意男人眼中的自己，難免希望自己是性感撩人的，是會讓男人忍不住想要一再撲倒的。

如果「這個夜」是可以預期的，女人會除毛、去角質、擦乳液認真保養，還會穿上自己最滿意的性感內衣。

在歷經了甜死人不償命的「蜜月期」緊接著就會面臨「一起過夜」的階段，這個階段裡精采度更高的是「到對方家過夜」。

你也許願意讓他窩在你家一天看DVD或兩人只是在床上廝混一整天，但是「在你家過夜」這件事好像有一些些更多不同的意義。

「要讓他進到我的生活這麼深嗎？」

這個問題是習慣獨居的男女在對方要來過夜前都會問自己的。

對於有「地盤」觀念的男人來說，讓你去他家過夜必須經歷一些掙扎。

他習慣了自己擁有居住空間的掌握權，你的「侵入」會威脅到他的自由還有他「主人」的地位。

很多女人會在過夜後刻意留下些東西在男人家，不管是保養品的小分裝瓶或是性感小褲，除了是像男人一樣的小狗撒尿劃地盤行為外，更重要的是她想讓男人知道：

「我還想再回來。」

在突發狀況下去男人家過夜的女人，面對男人太有準備地拿出客用的牙刷或浴巾睡衣，這些種種像是有預謀般的體貼時，她心中的浪漫會在瞬間立即死去。

免不了會想：

「到底是多常帶人回來過夜呀？」

關於這點男人就直接得多，當突發狀況來到男人會大方採買整份必需品，問都不問就擺進女人家，一樣地占地盤、一樣地申明自己還會再回來，男人做起來就理直氣壯很多。

一起過夜後在心愛的人懷中醒來，親吻說早安後最好再來一次清晨的性愛，是一起過夜的美好。

但在這些美好之外，對方的素顏口臭打呼放屁，得一併收下不容退還。

那些即使把人帶回家上了床，還會在半夜三點叫車送人回家，或是推說習慣一個人睡要對方離開的人，除了不夠在乎對方外，實在很難找到不可以一起過夜的理由。

不要再問我：
「他雖然答應讓我去他家過夜，卻要我在他醒來前離開～為什麼？」
為什麼？
很多事情你心裡已經知道答案，何必還要我扮演殘酷的宣判者？
他不把你當一回事，他不擔心你的安危，他根本不在乎你的感受！
親愛的，他只把你當炮友呀！

原來離別讓我們勇敢

分離憂鬱症：

距離或時間造成的分離難免造成難以化解的憂鬱，只能靠愛人的耐心
一點一點慢慢化解。

人性是安於現狀的，沒有什麼重大的危機來襲，通常不會願意去
更動現況。在這個安逸的年代裡，一般人要面臨的最大危機通常
是「生離死別」。

「死別」帶來的震撼自然不在話下，這篇故事裡要說的是「生
離」。

事情發生在三天前，我朋友撿到了一隻貓，但嚴格說來，應該是
貓撿到了她。

當天上午十點多，她正打算出門辦事，一出門就碰到那隻貓，因
為長得夠可愛，自然吸引了朋友的目光。

原本以為是哪位鄰居的貓，她也不以為意。但沒想到一個多小時
後，辦完事回到家的她，看到貓還在附近徘徊。

把摩托車停好，邊忙著把車上東西拿下來放進屋裡的時候，貓咪
「咚、咚、咚～」自己跳上了她摩托車的踏腳板。

貓咪的舉動逗樂了女人，跟貓咪玩耍了一陣子後，她就忙著從家裡後門進進出出地搬著東西。說來也妙，這貓咪居然就像是隻小跟屁蟲似的，跟著她進進出出也不落跑，像是進自己的家一樣自然。

最後，不但像自己家一樣待了下來，還很快地找到了幾個屬於自己舒服的藏身處。

女人邊把貓咪的照片po上網，想要幫忙找個好心的飼主，邊帶牠去獸醫院檢查健康狀況、掃瞄晶片，順道詢問附近有沒有焦急尋牠的主人。

等了兩天都沒有飼主找上門來，也在這一天我跟她通了電話。

「你都幫牠取名字了，還要給別人養嗎？」我很疑惑地問她。

「要呀～我跟貓不熟，再說我跟我老公都不喜歡貓⋯⋯養寵物很麻煩的⋯⋯」

但這通電話接來下的至少八分鐘，她都在形容這貓咪有多可愛、多像他們家人會有的個性，有多黏她、有多貼心。

掛上電話前，我還是沒忘記要確認一下：

「你真的不養？我同事說，貓會自己找主人⋯⋯」

她很堅決地說不。

當天深夜我丟了訊息跟她說，明天下午三點會有個女生去看貓，有緣的話會當場把牠帶走。

誰料得到，隔天豬羊變色。

想養貓的女生如約到了，女人卻淚眼汪汪放不開手。

我們只好百般歉意地用豐盛的午茶，招待了白跑一趟的女孩。女孩走後，女人跟我說：

「昨天一看到你說，有人今天要來把牠帶走，我居然就失眠了……」

原來，當離別逼在眼前時，我們才會勇敢起來。

原來，離別的張力會觸動一直不願意去面對的，被自己掩蓋得很好的情感……

像是：

原來，他對自己來說這麼重要。

原來，我不能夠忍受沒有他的日子。

原來，我無法想像將來的每一天，沒有他的陪伴會有多難熬。

從小到大我們經歷過多少次的離別，有幾次激起了你不顧一切的勇氣？

因為要畢業了。

因為要搬家了。

因為要出國留學了。

因為要離職了。

因為他要結婚了。

因為這個我視為理所當然、像空氣般自然存在著的人，就要消失了，而且非常有可能他會就此消失在我的生命中

於是，總要到這離別的一刻，腎上腺素才會激發，才會讓我們莫名地鼓起勇氣。

我身邊有對男女曖昧了大半年，大家都以為他們老早就在一起了，但其實卻什麼都沒發生。

就在大家放棄偷窺他們進展的時候，他們像是 101 的跨年煙火般，迅速「碰～」點燃了火花，一夜之間什麼都發生了，也什麼都改變了。

男人曾經信誓旦旦地說，絕對不會追求女人的話，成了朋友每每見面總要調侃他的話題。

男人百口莫辯，在他的人生計畫中，從來沒有考慮進去的事情，卻硬是發生了。

是他真的不曾動心，還是他選擇忽視心裡的聲音？

原來，只是因為男人即將單身到異鄉赴任。

在過著平常日子的某一天，他突然驚覺，沒有辦法放開眼前這個女人，無法想像到異地工作後，跟女人就此疏遠，甚至有一天可能會完全斷了聯絡……

於是，在那一個深夜，他終於鼓起了勇氣，採取了行動。

人生無法計畫與預測在下一秒會發生什麼事，老天爺會安排我們遇見什麼人。

但往往我們苦尋已久的答案，其實早就在自己心中，只是你何時要挪開摀住耳朵的那雙手，去聆聽心裡的聲音罷了。

經歷過的人就能夠懂得，在寒冬裡看著身邊熟睡的臉孔，你的幸福感足以趕走一屋子的寒冷，這時，你就會慶幸自己曾經那樣勇敢過。

不要停止對我說謊

失愛妄想症：

愛人稍微的一些些不夠專注就引起驚天動地的恐慌與妄想，她不再愛我了、他要離開我了。愛人動輒得咎，只好僵在原地、按兵不動。

你對說謊的定義是什麼？

不講真話，就是說謊嗎？即使說謊的這個人出發點是善意的也不被容許嗎？

真要嚴謹區分「不講真話」的狀況可以分成三種：

第一種是什麼都不說。

第二種是選擇性地說實話。

第三種才是完完全全的說謊。

說謊，還是有分程度的。

你印象中「說謊」的同義詞是什麼？

是背叛還是劈腿？不管「說謊」的替代詞是什麼，對深痛惡絕的你來說，想必都包含了所有延伸出的負面情緒吧～

而這其中最無法釋懷的情緒正是不可原諒。

我們從小的教育把許多負面的情緒與字義加在「說謊」這兩個字裡頭。

於是，被指稱說謊的人壓力沉重萬分，而被瞞騙的對象當下的反應跟情緒總是難以接受。

「為什麼他要騙我？」這是句帶著血淚的指控，質疑的不只是對方的真心更是兩人之間的交情，以及自己做了什麼至於遭受這樣的對待。

但事實上說謊的原因真的有這麼黑白兩色分明嗎？難道沒有程度上的差別嗎？

你對說謊的容忍程度到哪裡？

或者，我這樣問好了，**你對情人之間說謊的容忍程度到哪裡？有個界線嗎？超過了你就會頭也不回地離他而去嗎？**

Sammie跟強強交往了兩年一直穩定發展著。

他們共同的朋友瑪姬有天很神祕問Sammie：「你和強強還好嗎？」

「很好呀～沒什麼大問題～為什麼這樣問？」

「有一件事，我一直不知道要不要跟你說……」

瑪姬繼續神祕兮兮地說著。

「來了，終於來了，強強劈腿了，按照慣例自己又是最後一個知道的人。」Sammie表面上保持微笑繼續聽瑪姬說，心中卻慌張地胡思亂想嚇唬自己。

「前兩天半夜兩點多，我看見強強還在線上就跟他小聊了一下

天……」

然後呢？

「我問他怎麼還不睡？他說還在加班對帳目。」

所以呢？

瑪姬專注地看著Sammie臉上的表情又說：

「他接下來說的話，真的讓我嚇了一大跳耶～也開始替你擔心了
起來。」

到底什麼事你要不要趕快說重點。

瑪姬一副義憤填膺的樣子，激動地說：

「他說每次都會先騙你他睡了，然後再繼續加班，不然你都會擔
心他睡眠不充足，還要硬撐著非得等他要睡了你才肯去睡覺。」

所以，這段談話的重點是……？

「他騙了你呀～他說謊耶！」

蛤！這是騙嗎？這算說謊嗎？

「你不覺得他在這件事情上騙了你，就有可能在其它事都會瞞
你、都會騙你嗎？」

換作是你，你會嗎？

**決定跟一個人開始一段相愛的關係，就已經代表你決定要相信對
方。**

自己過日子都已經不太容易了，沒有人會願意跟一個整天讓自己
提心吊膽、無法放心的對方在一起。

愛一個人就是相信他、相信你們之間的愛情，如此而已。

雖然總避免不了因為這樣的信任受到傷害，但在每一次愛情的開始我們都還是願意給出最大的勇敢去相信。

這樣的相信不是因為太愛他而盲目，是因為必須讓自己去相信，必須選擇相信。

不然，事事都要猜忌的話，就難以在這段愛情裡繼續存活。

那些在愛情裡脫口而出的善意謊言，在任何關係裡也都很常聽見。

我們很常在別人關心自己好不好的時候，習慣性地回答：

「我很好呀～」

就算你最近累得不得了，根本連開口說話的力氣都沒有，但為了關心自己的人還是會逼著自己說謊。

為什麼不能說真話？

因為不想讓對方擔心，因為相信這樣的小風小浪自己還挺得住。

人們很常說謊。

人們很習慣說謊。

說謊有時是為了保護自己，有時候是為了保護對方。

說謊有時候是為了得到自己想要的，有時候是為了讓對方得到他想要的。

更多的時候，說謊是為了讓事情更簡單一點。

如果你以為真正的愛情是不可以、不可能、不容許對彼此說謊的話──那麼，也許你還並不真正懂得愛情，也還沒真正準備好去開始一段愛情。

如果你是因為在乎我、因為還想守住我們的愛情所以說謊。

那麼，請不要停止對我說謊。

我寧願你對我說上一輩子的謊，那麼，所有你曾經對我說過的謊

最終也會變成了最眞的事實。

那些變與不變的事、你都習慣了嗎？

失愛妄想症：

愛人稍微的一些些不夠專注就引起驚天動地的恐慌與妄想，她不再愛我了、他要離開我了。愛人動輒得咎，只好僵在原地、按兵不動。

人生有很多的改變，總是發生得不知不覺，等到意識到了，木已成舟再也來不及挽回。
還有很多改變來得突然，而且，不是你想要的。

不知道從哪天開始的，你的角色變了，變成別人口中「姊」字輩的人物。

原本剛開始只是同年紀的朋友之間，用來互開玩笑的「敬稱」。

但後來這幾年，「姊」這個字開始像三秒膠緊緊黏在你的名字後面，怎樣都甩不掉。

本來你也覺得還好，直到那個你覺得還蠻可愛的男孩也這樣叫你時，心裡還是不免沉了一下。

你從那個總是為戀愛煩惱的女孩，變成替別人戀愛煩惱解惑的女人。

你不再是那個相信愛情的女孩，你變成殘忍地告訴她「對的人」不一定存在的女人。

你變得擅長冷嘲熱諷，不再無條件熱情地張開雙臂擁抱這個世界。

你變成澆熄別人熱情，喚醒別人美夢的角色。

你不是很適應這樣的角色變化，但是你沒有辦法，你無能為力。

你回不去了。

你不是很確定是不是要喜歡跟接受這些改變。

前幾天你一個人走進餐廳，居然，一點也不害怕。

帶位的人員很自然地問你：「是有朋友已經先到了嗎？」

你對他微微一笑，抬頭挺胸地說：

「不是，就我一個人。」

這樣的事，以前的你是辦不到的。

但坐定後，你還是難免不安，怕在別人眼中的自己孤單得可憐，你忙著滑動手機發訊息，邊大口嗑著牛排，眼神邊搜尋著跟你同頻的人。

你果然發現斜前方有個一樣落單的女人，才突然有了被安慰到的感覺。

但隨著她身旁的男孩喊了她，你才發現她不是一個人。只是，她跟對面的伴侶沒有互動，他們兩人疏遠得像是併桌的路人。

你頓時覺得就算自己是一個人，好像也沒那麼可悲。

但不變的是，你還是想談戀愛，還是希望有人陪，可以說說話。

你其實知道自己的忙碌，如果生命中眞的多了一個人，也許你會變成那個被抱怨「總是不在」的對象。

所以，也不是要跟他二十四小時黏在一起，只是，想要他在的時候，他得要在。

是很自私，然而這就是現在的你眞正的想法跟需要，你也沒有辦法。

而變的是，你不再相信眞愛，不再相信眞的會有那個所謂「對的人」，眞的好好地等著要跟你遇見。

你也曾經遇到那個你以爲可以跟他一起變老，只想要一天一天對他越來越好的男人。但是，現在的你們卻變成只能客氣地互問近況的朋友。

這些「變」與「不變」會越來越多，會來得越來越漫不經心。

你有點害怕會不會有一天自己的「變」越來越多，多到連「不變」的自己都不認得了？

你更害怕「那個人」——那個不必要眞的是「那麼對的人」，那個只要是可以好好牽著你的手，慢慢陪你一起變老的人——在你變得太多之後才出現了，他會不會還認得出你？會不會還找得到你？

你只能繼續在「變」與「不變」之間過著忙碌的日子，繼續不安，繼續搜尋，繼續體會，繼續去習慣這些「變」與「不變」。

他的結婚喜帖

失戀復原不良：

沉溺在傷痛中的淒美情緒容易讓人上癮，只是過長的復原期不但讓自己疲憊失去追愛的機會，也困擾著旁人。

本來就不容易睡好的女人，這一天特別的早起，當她呼吸到房間內冰冷的空氣時，根本不願意醒來，卻怎麼樣再也無法睡去。

明明是折磨到凌晨三點，才好不容易沉沉睡了，卻又醒在上班日鬧鐘應該響起之前的五分鐘。

女人覺得這些日子的自己，迅速地變老了，她是從一些事情裡發現的：

她容易早起。

她白髮冒出。

她不再喜歡上別人了。

她前陣子聽說，那個對自己說「還不想定下來」的男人要結婚了。那是在一次聚會裡，朋友假裝不經意地提起。

聽到的瞬間，她感覺自己臉部立即堆起的微笑有點僵硬，但還是努力讓喝酒的動作不停頓。

不停笑著、笑著，邊聽說著這件讓自己痛徹心扉的事情。

但在場的大家都知道她的心情，每個人都跟著她揪著心，看著她聽說這件事。

到底要在什麼場合，由誰來說，讓她知道這件事？著實為難了朋友好久，這件差事本來是沒人想做的。

這是她後來才聽朋友說起的。

女人本來以為經過這些日子，自己已經多勇敢了一些，不再那麼容易被動搖了

但畢竟是擱在心裡這麼久的一個人，既然忘不掉他，不如就留著，不要為難自己。

這是這些日子來女人的體認。

在聽說了他要結婚之後，終於在昨天，女人接到了他的結婚喜帖。

燙金的字體整齊地印在信封上，這萬萬不是他的風格，她不認得他了。

但視線往下落，看見他的筆跡，寫著自己的名字，女人眼前即刻被淚海淹沒。

收到這樣喜帖的朋友，紛紛上社交媒體發言：

有人說他貴氣逼人。

有人說他是「浪子回頭金不換」，所以特意用金色的帖子來表明心志。

「浪子回頭金不換」？

女人很想知道，要拿多少金子能把自己換成是那個她？

拿全部的自己夠不夠換來，和他整齊地並列在俗氣的金色喜帖上？

她不想成為浪子倒數第二個女朋友，她要成為浪子最後那一個女朋友。

在他離開以後，女人以為自己已經對 Happy Ending 的童話結局死了心，看到他的喜帖之後，才知道原來只是因為自己遺失的玻璃鞋，被他藏了起來。她沒有死心，終究還是想要幸福。

在他離開以後，女人時鐘的長短針一直定格在十一點五十九分，定格在她掉了鞋的那一瞬間，她就此抵死不動，不肯被打回原形，不肯變回灰姑娘。

女人深怕他不認得自己，執拗地只穿著一隻玻璃鞋、頂著已經有些脫落的彩妝，等著屬於自己的愛情。

女人躡手躡腳地過著日子，以為他還會回來，所有的狀況都維持在和他走散的那一刻。

我們只是走散了。

女人打從心底深深這樣相信著。

和女人在一起三年的時間裡，浪子回頭了無數次，大家次次都替女人覺得不值。

朋友眼見女人乖乖等了這麼些年，到後來都替她心急了。

女人卻依然淡定，因為她覺得只有自己懂得他的心。

是那個相信人性本善的孟子說的「觀其眸子，人焉廋哉」。

那樣好看的眼睛，那樣真誠的眼神，他說他愛的只有我，其他都只是過客。

最後能讓他停留的人，只會是我。

但，這些好聽的話，怎麼都是騙人的呢？

兩人還在一起的時候，他認識了另一個她。

男人提分手後半年不到，聽說他要跟她結婚了。

看著桌上的金色喜帖，女人覺得很刺眼，金閃閃的像會燙傷自己。

猶豫再三，女人終於逼自己打開信封，她想知道自己到底輸在哪裡？

翻開喜帖，一張紙條滑落到地毯上，是男人的筆跡。

女人的心猛烈地跳動了起來，雙腿一軟，跪坐在地毯上，顫抖著雙手，閉上眼睛，深深吸了幾口氣，才打開紙條。

不到三十秒的時間，女人看完紙條，無法抑止地狂笑。

認識他的這三年，等著他的這半年，居然，變成了一場鬧劇。

「我是被逼的，她爸是黑道，她懷孕了，但不是我的小孩。
我們逃去天涯海角吧～就我們兩個，我愛的只有你。」

世界上的浪子回頭有兩種：

一種是他很謹慎，只回了一次頭，因為夠謹慎所以沒扭傷，也就沒有任何人受傷。

一種是他不夠謹慎而且太常回頭，扭傷了，也被抓到了，所以，大家都受傷了。

每次的扭傷，不夠謹慎的浪子都記取教訓，下次要再回頭，千萬記得回頭的角度。

但太常扭傷的部位，容易變成習慣性扭傷，這是不夠謹慎的浪子還沒學到的。

傷停時間

失戀復原不良：
沉溺在傷痛中的淒美情緒容易讓人上癮，只是過長的復原期不但讓自己疲憊失去追愛的機會，也困擾著旁人。

「傷停時間」（additional time），是足球比賽裡特有的規則。

這條規則最初的名稱是「injure time」。

「injure」這個英文單字有「毀壞」「傷害」的意思。

在足球比賽中，場地寬廣、球隊戰術實行耗時，加上除了中場休息外沒有暫停時間。不可避免地，會有些被「毀壞」掉的時間，因此，裁判有權在比賽結束之後，另行加上他計算的被「毀壞」掉的時間，也就是「額外的」時間，讓比賽繼續進行。

這些被「毀壞」掉的細瑣時間，包括球員犯規、自由球、球出界、踢角球、裁判給球員警告或是紅黃牌……當然也包括球員被「傷害」時（不管是假裝受傷還是真的受傷），醫療人員進場分析球員受傷程度的時間。

人生多像是一場球賽，而戀愛難道不是？

並不是夠努力練習，就可以贏得比賽，並不是夠專注愛人，就可以修成正果。

很多時候就是差了那「臨門一腳」，差了那一點點運氣。

阿根廷「足球金童」馬拉度納在隱瞞了十九年之後，才終於承認「上帝之手」根本只是他這平凡人犯規的「手撥球」動作。

不但上帝被無故蒙冤十多年，連當年的對手英格蘭也只能咬著牙說是他運氣好。

那是馬拉度納的運氣，卻是英格蘭的晦氣。

我很喜歡「傷停時間」這四個字表面上中文的意義：

「我受傷了，我需要停下腳步來，給自己一段時間好好地休養。」

傷停時間允許我們沉溺，告訴我們可以不必總是堅強開朗。

在這段時間裡，即使自顧自地往自己傷口不停灑鹽，都是可以被接受的行爲。

因爲我們很脆弱，因爲我們受傷了。

多麼理直氣壯的「傷停時間」，朋友總是關心你、陪伴你，而且不論選擇大吃大喝或身形消瘦，端看你自己的決定。

在這段任性的時間，我們大可不相信愛情，視眞愛如糞土。

但問題來了，足球比賽的「傷停時間」是裁判給的，而在戀愛這場比賽裡，總是球員兼裁判的我們，該怎麼決定「傷停時間」的長短？

或者該怎麼知道到底自己需不需要「傷停時間」呢？

姑且不論長短，只要是認真地付出過感情，照說都是該有段「傷停時間」的吧？

戀愛「傷停時間」的長短跟足球比賽截然不同。

據說一場精采的球賽應該是沒有「傷停時間」的，但如果是一場夠精采的戀愛，「傷停時間」恐怕不會太短。

戀愛的「傷停時間」結束前不見得會有徵兆，而且常常來得很突然。

有時前一夜還哭濕了枕頭，但隔天跟那人擦身而過卻是無波無動，除了尷尬，心中再無任何多餘的情緒。

這時我們才驚覺自己已經結束了「傷停時間」，開始發動「擇偶雷達」尋覓下一個可能幸福的對象。

有人說：「治療失戀最好的方式，就是再去談一場戀愛。」

那些在旁人眼中一段感情接著一段發生的，也許只是奉行這個「療法」，對他們來說新戀情的開始，也是屬於「傷停時間」的一部分，他們用新戀人的吻止血，用新戀人的愛療癒舊傷。

而堅持要傷心到底，不停拉長「傷停時間」的人，個性上有某種潔癖，非黑即白，非要把心中的舊情拔除到一乾二淨才肯再開始。

說實在的，未免太為難了身旁的親友。

我們都經歷過那種以為再也沒辦法多活一天，以為再也沒辦法愛上什麼人的苦痛。

但是，後來，日子一天天地過去，久了、遠了、淡了，我們還是活了下來。

而那些不願意再去回想，害怕自己會再經歷的傷痛，都變成了模模糊糊的記憶。只在偶爾跟朋友聊起時，讓我們的眉心擠出了深深的皺紋，並且落下幾滴清淚。

「傷停時間」短了，被嫌隨便。

長了，被嫌太軟弱，還可能陷入懶得談戀愛的情緒中。

不短不長，足以哀悼又不至於錯失新戀情，才是最完美、剛剛好的「傷停時間」。

最大的苦痛是
哭不出聲音的

失戀復原不良：
沉溺在傷痛中的淒美情緒容易讓人上癮，只是過長的復原期不但讓自
己疲憊失去追愛的機會，也困擾著旁人。

你我都一樣，我們每個人都很容易大驚小怪。

在整理文件時突然被紙張劃破了手指、端起咖啡時不小心潑到了
白襯衫、最邋遢不堪的時候卻偏偏遇見了舊情人。
像這樣的時候我們就會輕易誇飾地給自己下了個結論：
「我真的很倒楣！」
雖然，根本就是無病呻吟，但我們總是習慣這樣誇張地表達那些
小小的不順心。
有時只是為了多贏得一些關愛、希望別人多放些注意力在自己身
上。
有些人把這樣的事情當笑話講過就忘掉，不影響自己的心情。

但很多人會一講再講並且逢人就抱怨,到後來他開始相信自己不只是這一天悲慘,根本就是這一輩子都很悲慘。

自己肯定是全世界最悲慘的人。

你曾經回過頭來問問自己嗎?

說了這麼多自己有多慘,到底你是要說服自己還是要說服別人?

有時候抱怨太多的負能量在說服了自己、別人之餘,一不小心也會說服老天爺。

難道,你是真心希望自己一直這樣悲慘下去嗎?

沒有人真心想要這樣,卻還是忍不住拚命抱怨。

但是,這些生活上小小的不順心,難道比得過真正巨大的苦痛嗎?

難道,那些總是不抱怨的人日子都很順遂,人生都是得意無礙嗎?

其實不是的。

在我們眼中別人的生活總像是過得好容易,優遊自在、從容得宜。

但是,我們不知道的是,他們那些不輕易讓別人看見的不容易。

總覺得只有自己的苦痛才算數,其他人的不幸都只是空洞的無病呻吟。

所以,理直氣壯地大聲哭喊著。

你試過想哭卻哭不出來,或者終於落淚了卻哭不出聲嗎?

那是最絕望的苦痛、是最難面對卻又不得不接受的哀傷與絕望。

只能夠全身蜷曲起來，把自己恢復到最初在母體中的體態。即使是以據說最能讓人安心的姿態來擁抱自己，還是找不到平靜。

真正經歷過的人會懂得，那種求助無門的悲戚。

真正到了這樣的時候，別說是抱怨，即使只是吐吐苦水都不會，為了拚鬥已經用盡了氣力，根本沒有多餘的能量再去乞求安慰。

真正到了這樣的時候，根本不會想要多說一句關於自己的任何事，只真心希望沒有人注意到自己的存在，不奢求好事只願壞事不要感應到自己身在何處。

真正到了這樣的時候，你不解的是被上帝遺棄的同時為什麼撒旦不同時對你放開手？

不要總是沿街誇張叫賣自己的悲慘、自己有多值得同情，這樣的作為換來的也不過就是幾聲噹啷作響廉價的、銅板大小的同情罷了。

對於自己的困境根本一點幫助也沒有。

既然，倒楣不可能因為你總是一再抱怨就放你一馬。

那麼，為什麼還要一說再說、抱怨又抱怨影響自己跟身邊人的情緒？

當真正的危難來臨時我們才會理解到，當時還有力氣抱怨的自己其實有多幸運。

那時候我們會願意用更多所謂的「倒楣」來換取，冀望避開真正的災難。

要到那時候我們才會懂得原來之前那不足掛齒的「倒楣」，才是
我們人生中美好的片刻。

如果，你還是止不住要怨天、怨地、怨朋友。
那麼，你真的並沒有像自己說的那樣不幸與悲慘。
因為，你還有力氣抱怨。
因為，最大的苦痛是哭不出聲音的。

男人記性的衡量標準

幸福焦慮症：
就算是已經很幸福的現在，還是需要練習。練習讓自己習慣幸福、讓
自己懂得珍惜幸福，不把擁有的幸福當作理所當然的存在。

男人的記性是有選擇性的，而這個選擇的衡量標準往往讓女人覺
得匪夷所思。

五點一刻，繁忙的公事暫告一個段落，四處在辦公室覓食的我眼
光對上了兩隻大眼睛對著我咕嚕咕嚕轉的女同事。

她的眼神裡有問號需要我給個答案的樣子，更重要的是她手上拿
著我愛吃的杏仁片餅乾，於是我依循動物的本能朝她接近。

沒等幾秒餅乾才咬了一口，她的開場白來了。

「男人真的很好笑……」

她邊搖頭邊笑得詭異。

我無法分辨她的情緒是甜蜜的抱怨，還是怨恨的結論。

「為什麼男人要等到分手後，才會記得我的生日？」

她跟這個男人交往了七年，後來變成了遠距離戀愛，男人去了美
國後一直要她也過去一起生活。

「你來，我們結了婚就一直待在這兒……」

她不肯，是因為她不夠愛這個男人嗎？

倒也不是。

為了跟他廝守一生，一向恣意放任、體弱多病的她，在那幾年可是好好認認真真照顧著自己的身體。

那樣的認真不是為了自己健康快樂，是為了可以跟這個男人長長久久。

最後是男人不擅長等待嗎？

還是女人太過於拖延？

總之，她放了這男人去娶了別的女人。

「而且，你知道嗎？當初我們交往的時候，他沒有一次記得我的生日。」

不可思議！

我問她：「一次都沒有？連第一年的熱戀時期都沒有？」

她笑著搖搖頭。

第一年的她還半撒嬌半生氣地明示暗示，總算是勉強得到了生日快樂的祝福。接下來的幾年，他沒有一次記得。

總是在她等呀盼呀～演個懂事的好女人不吵不鬧撐到最後一刻，當理性隨著淚水決堤，對著他大吼大叫時，他才恍然大悟：

「喔～今天是你的生日！」

然後，禮物會在過幾天後飄洋過海來到她手中。

「你知道嗎？他連自己的生日都不記得，就算是他兒子的生日都是我提醒他的！」

女人還在笑著說這件事，我卻已經覺得心酸酸。

「但是昨天他突然打電話給我，祝我生日快樂，這是我們分手後他第二次祝我生日快樂。第一次是去年，而且，居然還是農曆生日那天接到他的電話……」

在比較傳統的外省家庭裡，是不太幫家人過國曆生日的，農曆生日才是家人會一起團聚慶祝的日子。

所以女人更加疑惑了……

女人說不懂這男人的心理，為什麼分手後才會記得要祝你生日快樂？

更詭異的是男人為了防備老婆偷看他的 E-mail，特意申請了新的信箱，而 password 就是女人的生日，這件事當然也是男人跟她說的。

我試著側寫這男人的心態：

身邊有人陪的他，表面上擁有一切該有的幸福。但他心中還是有個缺憾，就是這個當初不願意和他去美國的女人。

他並不真的希望女人可以很快找到下一個男人，可以真的幸福。

因為，女人一旦幸福了，他害怕自己會被遺忘。

他希望自己永遠是一個特殊的存在，希望女人要永遠記得他。

兩個人在一起度過了不算短的七年，他當然知道女人在乎的是什麼。

如果，只是一個越洋電話的生日祝福，他會提醒自己一定要做到。

但他這樣做的動機呢？

我當然願意相信，除了不希望被遺忘，也還帶有愛的成分吧？

人都不希望自己太輕易被遺忘，尤其當他是被留下的那一個時，應該更難釋懷吧？
. . . .

有些男人不會記得你的生日，不會記得你的年紀。

但他會記得你習慣他走在左邊牽住你的手，他會記得你總是意見多多很難被取悅。

當總是什麼都不記得的男人，卻總是記得你的龜龜毛毛，女人總是會輕易就原諒了他種種的不記得。
. . . .

女人要的不是英雄

幸福焦慮症：
就算是已經很幸福的現在，還是需要練習。練習讓自己習慣幸福、讓自己懂得珍惜幸福，不把擁有的幸福當作理所當然的存在。

《變形金剛3》裡沒有被換掉的男主角山姆很愛抱怨，從電影一開始就不斷地抱怨自己是拯救世界的英雄，卻連份工作都找不到。

他怨天怨地怨父母，還怨那個已經慘遭換角的前女主角。

他覺得自己現在之所以過得這麼悲慘是全世界的錯，是因為全世界都對不起他。

但，山姆有個正到讓人後空翻八圈都不足以形容有多正的新女友，這正到不行的女友一心一意地愛著他、支持他、相信他總有一天會成功，但山姆還是不曾停止抱怨。

這個拯救世界的英雄抱怨得一點也不累，但看電影的觀眾我卻聽得很累。

我不知道其他女人怎麼想，對我來說不停抱怨的男人讓我難以忍受。

男人可以情緒低落、可以示弱、可以求助、可以偶爾抱怨，但是不能不停重複抱怨一樣的事情又不去想辦法改變困境。

聽多了一樣的抱怨容易讓人磨掉耐心，而當我給了建議你既不採納也不自己想辦法脫困。

那，可不可以不要再抱怨？

至少，我不想再聽到你抱怨。

是人都難免心煩意亂想抱怨，但應該知道要適可而止，應該知道要饒過別人的耳朵。

山姆的新女友還有一點很感人，她不需要一個可以拯救世界的英雄，只想要一個可以待在她身邊的男人。

你不必拯救全世界只要每天晚餐時間讓我見到你。

你不必拯救全世界只要殺死讓我驚慌失措的小強、幫我扭開沉重如山的罐頭。

你不必拯救全世界只要答應不管到了幾歲都要緊緊牽著我的手。

電影裡的山姆還犯了一個職場上的大忌，他喜歡「靠關係」。

工作職場上很常發生嗆說「我跟你們老闆很熟」的狀況，或者是「我已經跟你們經理說過了，你照辦就是了」。

我不知道其他人怎麼想，但是，在職場上我最討厭聽到這種話。

對！你跟大黃蜂是麻吉！

對！你跟隊長很熟！

對！你之前是幫忙拯救過世界，所以呢？

在現實的職場裡，凡事都有一定的處理程序，不是嗆說你跟誰很熟就可以搞定所有的事情。

一開始聽到國防部長嚴拒靠關係的山姆，說：「這是專業的事，沒錯我知道你之前幫過很大的忙，但現在請先讓專業來處理。」

我私心覺得還滿暢快的。

但還好山姆後來又一次成功幫忙拯救了全世界，也拯救自己對全世界的不滿，讓他終於停止抱怨。

另一部電影《讓子彈飛》裡也有一位英雄。

《讓子彈飛》是一部片名讓人摸不著頭緒，看完後卻拍案叫絕的電影。

這電影裡的英雄張麻子從不抱怨，他擁有獨特的幽默、沉穩的心機，安頓好了所有人，卻把自己搞得很累。

看著兩位英雄不同的應對態度，我覺得有點錯亂。

是不是要懂得抱怨的英雄才能有好的結局？

太過懂事的英雄像張麻子這樣，總是惦記著要照顧兄弟，連自己對花姊的感情也默默隱藏了起來。

到頭來花姊跟自己的兄弟開心去安享餘生了，只留下他一個人繼續浪跡天涯。

或許全天下的女人要的從來都不是英雄，而是一個不論晴雨都可以攜手跟自己面對每一個日子裡真實苦樂的男人。

真正的英雄不累，只是孤獨、只是寂寞。

不說我愛你的男人

幸福焦慮症：
就算是已經很幸福的現在，還是需要練習。練習讓自己習慣幸福、讓自己懂得珍惜幸福，不把擁有的幸福當作理所當然的存在。

男人大致可以分成兩大類，一類是在一起後很快說出「我愛你」這個magic word的男人，一類是打死也不說的男人。

很快說出「我愛你」這三個字的男人，可能愛了女人很久，久到終於可以在一起了，當下的他心情滿溢，荷爾蒙征服了羞恥心脫口而出：
「我愛你。」
聽到這三個字，女人當下反應自然是甜蜜蜜的。
但是，天性浪漫的女人在面對這樣關鍵的時刻卻總是會意外地清醒。
我們才在一起多久？你就說愛我？有沒有搞錯？
你已經愛上我了？是很讓人開心沒錯～但……你的愛來得這麼快會不會去得更快？

聰明的女人不會把心中的疑問說出口，她用甜甜的笑與貼心的話表達自己的感動。

「真的嗎？我好開心喔～」

她只說自己很開心，沒回答是不是也愛上男人了，這是女人的心機與聰明。

她也不是不愛，只是覺得還沒那麼愛，還這麼短的時間沒到那麼愛吧～

女人需要多點時間來觀察，她是喜歡你、享受有你的陪伴，但是要說出「愛」這個字之前她需要更多的把握。

女人需要觀察你給的安全感夠不夠？你是不是真的對她夠好，你是個負責任的男人嗎？夠專情嗎？等等問題。

可是一旦通過了這些觀察，**說過了「我愛你」這句話的女人，往往會更勇於表達情感，會更頻繁用更多不同的方式表達自己的愛，不管是口頭或是實際行動上。**

很快說出「我愛你」的男人跟打死不說「我愛你」的男人總是互相質疑對方的心態。打死不說派覺得另一派太輕浮，但這另一派又覺得連「我愛你」都說不出口，擺明了不想對這段感情負責，你根本不愛對方，為什麼還要在一起？

大熊跟秋秋在一起六年了，他到現在還沒說過「我愛你」這句話，但是他們再過三個月就要結婚了。

難道大熊不愛她嗎？當然愛呀～不愛怎麼會花了六年的時間跟她在一起，甚至走到結婚這一步？

但是大熊沒有辦法說出「愛」這個字，即使迫在眼前要他說了，他會扭曲「愛」這個字的發音變成「唉」。

「你愛不愛我？」

「唉～」

秋秋問過幾次，發現大熊回答的時候會變成這樣的發音，本來以為是因為身邊有其他人在他覺得不好意思，但是後來在只有兩人單獨的場合也是一樣。

對大熊來說「愛」是個責任重大又沉重的字眼，無法輕易說出口。

「愛」不只是激情，還包含了漫長一生的承諾與責任。

他覺得與其去講這些甜言蜜語或稱讚對方，還不如好好花時間相處跟了解彼此。但難道大熊可以一直這麼冷靜與理性嗎？

不是的，他無法甜言蜜語的更大的原因，是因為他其實很害羞。他心中的情感是滿溢的，但只有在一些不經意的時候會忍不住說出來。

「你看這隻狗狗～」

前幾天兩人窩在家正聊著彼此今天發生了些什麼事，秋秋打開手機的相簿給大熊看一張狗狗的照片，大熊瞄了一眼隨口問了一聲：「誰養的狗？」

「下班路上遇到的，這是我第二次遇到牠喔～是不是很可愛～」秋秋滿臉寵愛地看著照片說。

「牠很醜耶～整張臉都皺在一起～」大熊不以為然地說。

「哪有～明明就很可愛！！」秋秋不服氣地說。

大熊看著秋秋氣呼呼瞪著大眼的表情，突然脫口而出說：

「你才可愛呀～比牠可愛～」

「啊～什麼？」

聽不慣自己男人說好話的秋秋，一下子反應不過來，接著追問：

「什麼意思？」

大熊脹紅著臉，不肯再說第二次。

「唉呀～不要再問了啦～」

她看著平常分析起事情來頭頭是道的男人突然一句話都說不出來，湊過去親了男人的臉頰說：

「你好可愛～」

男人為了掩飾自己的害羞把她擁入懷中，用力地親了下去。

雖然說的不是秋秋最想聽的那三個字，但魔力是一樣的。

木訥害羞的男人，愛還是要懂得適時表達出來喔～

戰勝上帝的女人

重度愛盲症：
最經典的症狀，總是反射性用以下幾句話捍衛自己：
「他根本不是我的菜。」
「我沒有把他當異性看。」
「我們只是很好很好的朋友。」
分明心裡早已經認定他，卻逼著自己遠離他，與對方劃清界線。

大受歡迎的韓劇《機智的醫生生活》劇情圍繞著五位交情深厚、
不同科別、成長背景的主治醫生，透過他們跟同事、病患相處過
程發生的故事療癒大家。

劇集的第一季結束在其中一位主角政源，一個驚天動地的吻——
他與外科實習醫生冬天的初吻。由於在十幾集的劇情中不斷鋪陳
著——當神父是政源的唯一選擇，因此迎來這個驚喜的結局時，
很多人笑稱冬天是戰勝上帝的女人。

更多人覺得突兀，不懂政源是什麼時候喜歡上冬天的，難道只是
因為冬天面對滿腳是蛆的病人可以面不改色直接用手去除嗎？

你清楚自己愛上一個人的精準時間點嗎？

當然不可能。

當意識到自己在乎的程度時，往往已經來不及脫身了。

政源一開始對冬天的印象極差，不是模糊或毫無印象，而是極差。

差到那一陣子跟五人幫死黨聊到了冬天，他會撇撇嘴說：

「我跟這個人不合，我們處不來。」

要知道即使政源是如此虔誠的天主教徒，他在醫院的外號卻是「佛祖」。

政源佛祖對待眾生慈悲為懷，對於病人的苦痛感同身受，面對小小生命的逝去更是撕心裂肺的疼，他總是譴責自己無能，沒有資格當醫生。

這樣一位中央空調暖男，來者不拒，只要有人開口邀約就會答應，即使是單獨赴約。

那是因為他很坦蕩，沒有對誰存有進一步的想法、無關男女私情，對他來說就是前輩照顧後輩應該要做到的事，如此而已。

正因為他是如此溫暖貼心的存在，才讓後來已經成為情侶的冬天與政源種種甜蜜的行為，都被撞見的醫院員工解讀為：

「安政源教授真的是很紳士的一個人啊～好照顧後輩啊～」

在大家的心中，他根本沒有七情六欲吧？

當初，冬天鼓起勇氣要求政源請她吃飯，政源的動搖一閃即逝後，立刻整理好自己的暖男一號表情，堆出平時佛祖般溫暖的微笑回答：

「好啊～大家一起聚餐吧～」

「不，就我們兩個人，單獨吃飯，要在醫院外面，不是穿醫師袍，要穿自己的衣服。」

冬天很明確地立下了一條條規矩，就像她一直以來毫不掩飾自己的喜歡。

政源糾結了幾秒，還是送出了謊言，拒絕了冬天。

為什麼答應了全世界的邀約，唯獨拒絕了冬天？

在冬天丟出直球的那一刻，被迫面對自己感情的政源，終於承認自己面對這女孩不能沒有男女私情。對他來說，她不是別人、不是任何一個醫院的後輩，冬天不是他可以單獨赴約卻沒有一點點心動的對象。

被拒絕的冬天滿臉的失望受傷，以為自己毫無勝算，那是她沒看見轉身離去的政源內心有多糾結。

你覺得這段愛情來得太過突然嗎？

有些愛情是從討厭看不順眼一個人開始的，因為討厭也是一種在乎、至少他引起了你的注意。

討厭一個人跟喜歡一個人一樣，都會不由自主地過度關注他的一舉一動，一旦發現原來他不是自己想像中的討人厭，那原先澎湃不已、過度放大的厭惡能量不會憑空消失，只會全盤逆轉為排山倒海的喜歡。

當初有多討厭多看不順眼，後來就會有多喜歡、多盲目疼愛。

一個極少對旁人產生負面想法的佛祖政源，對於冬天從看不順眼到刻意冷淡，總抗拒跟她變得親近、熟識，為什麼？

那是他跟自己內心感情的對抗，在拚命否認、拚命說服自己，沒有喜歡上多天。他掩埋自己的喜歡，選擇無視自己的心動，那些不像自己的反應、讓他放不下的在乎，他全盤否認。

你也是這樣的重度愛盲症患者嗎？

重度愛盲症患者最經典的症狀，總是反射性用以下幾句話捍衛自己：

「他根本不是我的菜。」

「我沒有把他當異性看。」

「我們只是很好很好的朋友。」

異性之間當然可以當純粹的朋友，但對朋友的友善關心跟放不下是不一樣的。

你忍不住擔心她很多事，你說因為她很傻，總是不懂得保護自己。

你邊抱怨這個女人很麻煩，卻又微笑著接手她甚至沒有開口求助的麻煩。

你把她的一切看在眼裡，放到心上，不必費力也非刻意卻統統記得。

你大小事都想要跟他報告，美景美食只想跟他分享，提到他滿口挑剔但嘴角卻總是上揚，數遍了所有缺點卻還是最想有他陪伴。

但你說你沒有喜歡上他。

你說你沒有喜歡他，卻甘願等著他，在成人的世界裡願意挪出時間費心陪伴，把時間只為他空下，就是愛情了。

重度愛盲症的人在終於願意面對自己的感情後，會變得異常勇敢，那壓抑過久的情感會一發不可收拾，旁人以為的突如其來早在你心中纏繞了千百回。

否則冬天跟政源也不會有那驚天動地的一吻了。

想檢視自己是不是重度愛盲症嗎？

方法很簡單，看著鏡子裡的自己，問問他此刻最想立刻見到誰？

浮現在你心裡的那個名字是誰？

你的喜歡是不是早就從眼神裡偷偷洩了底？

你分明早就喜歡到無法自拔，你還能夠理直氣壯欺騙自己多久？

努力討來的不是愛

被愛恐慌症：

面對別人的示好，不是滿心歡喜自信滿滿地接受，而是拚命尋找對方不喜歡自己的證明。

你渴望被愛卻又不相信真的會被愛，就算聽見了對方的告白，也會覺得他是不是哪裡搞錯，他看見的肯定不是真實的你。

你是不相信愛情，還是不相信自己值得被愛？

你是不是也有這樣矛盾的被愛恐慌症？

你心中一直有種渴望被愛的飢餓感，你聽有些心理專家說那是因為從小沒有被愛夠的關係。

豈止沒有被愛夠，你覺得自己是根本沒被愛過。

你在成長過程中永遠是那個被遺忘的孩子，童年發生過的所有不堪難以抹滅，一次次不被愛的證明、一回回嫌棄的眼神，那樣的鄙夷大人居然連藏都不藏。

在最該無憂無慮的年紀學會了擔心，在最該養成健全人格的年紀反而必須做到討好，你個性裡最暗黑的扭曲就此形成。

到了可以自己作主的年紀，你急忙逃開那股不被愛的氛圍。

在那樣的環境裡，每一口呼吸都充斥著小心翼翼的在乎。

你渴望被愛卻更害怕被傷害，你總是在擔心兒時討愛的過程那揮之不去的被嫌棄感再次湧現。

與其這樣沒有尊嚴去乞討愛情，你倒寧願自己一個人。

然而愛情來到的巨大吸引力，並不是夠理性就可以抗拒得了的。

你易感，只要對方稍微示好就容易感動不已，即使表面上依舊不動聲色。

追究起來沒有被這樣仔細體貼對待過，才會讓你輕易陷入了愛情。

簡簡單單出一張嘴的噓寒問暖，就讓你以為自己最特別，感覺自己被關愛的標準過低，毫無防備就接納對方，相信對方。

更糟糕的是你又特別死心塌地，兩人相處了之後就算問題再多也不願意停損，明明發現自己所愛非人，還替對方找盡藉口，繼續留在這段關係裡折磨。

除了是捨不得這段感情，更多的是對自己的沒有把握，你不相信自己值得被愛。**與其說是你再也找不到這麼喜歡的對象，你更擔心的是能不能再找到一個願意喜歡自己的人。**

你總以為一段關係的建立是因為自己夠有用，對方才會喜歡你，而這樣的有用包括夠聽話、夠懂事、夠堅強、夠獨立。

你以為要不計較得失地付出而且要付出得夠多，才能留住一段感情。

你不相信最初的自己就值得被愛，畢竟從小就沒有人因為你是你而愛你，那些大人連哄你的耐心都沒有，你沒有聽過什麼稱讚的話，印象中總是被嫌惡。

所以你一直很努力，努力想讓自己被喜歡、努力想讓自己被稱讚，努力想討好一個人，讓他願意一直留在自己身邊。

經歷過的每一段感情都讓你疲憊不堪，你卻還弄不清楚原因是什麼。

討好別人是對自己最毫不留情的凌虐，你一直用「恐懼失去對方」來對自己進行情緒勒索而不自知。

你擔心最後又只剩下自己一個人，為了留住別人的體溫，你不惜出賣自己的尊嚴。

真實的人生無法依靠濾鏡，如果對方是因為那些自己想像中的樣子愛你，總會有幻滅的一天。

無法接受最真的你，就等不來最好的你。

我們也許沒辦法在一開始就給出最好的自己，但也不該用虛假的自己去騙來一個短暫的陪伴，喬裝成他喜歡的模樣只會讓你更失去自信，更不相信最初的自己就夠可愛。

不管生命中出現多少人，都不夠重要到要讓你失去自己，在不傷害其他人的原則下，自己的感受當然應該擺在其他人之前。

沒有誰值得你委屈自己，沒有什麼愛情偉大到需要犧牲你的快樂。

當你戒除刻意迎合別人的習慣，會發現日子居然可以如此輕鬆自

在。那些因為你不再刻意討好而離開的人，不再眷戀只想全盤接受付出、吝於同樣對待你的人。

所幸你在還來得及的時候看清了他的自私，慢走不送人生自然更加清爽。

你的付出不該是理所當然，他該好好感謝這所有難得。

安全感就是從不刻意討好、不害怕被討厭、懂得尊重自己，慢慢一步步建立起來的。**安全感足夠的人從來不擔心自己不會被愛，因為他擁有自己的愛，那是一輩子都不會背棄、最充足的愛。**

安全感足夠的人不費力去討好別人，他明白只要真切地做自己，自然會因為自己的夠可愛，引來別人的愛。

而這樣的安全感沒有人給得了你，只能從你先好好對待自己開始。

癡情不保證專情

視人神經萎縮：
愛情使人盲目更會幫對方找盡理由藉口，甘願上當受騙。

上天不會給你克服不了的考驗。

這是日本暢銷漫畫《仁者俠醫》裡的一句經典對白。

是嗎？如果人生中一定要經歷至少一次上天的「被劈腿」考驗，你希望在幾歲時來到？當這個考驗來到時，你覺得自己熬得過去嗎？

被劈腿的人不見得無辜，也許你總是蒙上眼睛、摀住耳朵不聽愛人的求救，求你救救你們的愛情，於是受不了的愛人劈了腿。

而被劈腿的人並不表示你不會是同時也在劈腿的人，自己劈腿時一剛開始還有些微的罪惡感，久了、麻痺了，等到自己也被劈了，才驚覺～

「啊！原來被劈腿居然這麼痛！」

小愛在還算年輕的二十四歲時被劈腿了。按照慣例，小愛是最後一個知道的人，一知道被劈腿了之後，小愛頭也不回地走了。

痛當然是很痛，但這樣殘破的愛她不要了。

事後回想起來，她心平氣和地說：

「感情會出問題其實是兩個人都有錯。」

雖然雲淡風輕地看待這一切，但她說從來不考慮原諒他跟她。

他，自然不應該列入「被原諒」對象裡，這點不必多做討論。

至於她，身為好友一天到晚在小愛身邊嘟嚷著：

「好羨慕你有個人這麼愛你～」

「他好了解你喔～好羨慕你喔～我也想談戀愛～」

最後卻介入了這段她好羨慕的感情中，小愛不懂她的心態，也不想懂。

小愛覺得如果自己太輕易原諒了他們，會讓他們犯的錯顯得沒有重量，他們不會明白曾經帶給別人怎樣的難堪與苦痛。

但是，小愛的確放下了埋怨上天「why me」的心態，只是她不原諒也不接受道歉。

他跟她都嘗試透過不同的朋友傳遞關心以及想要恢復聯絡的意願。

「我的確是被傷害了，並不需要偽裝大器跟他們和好，只為了讓他們比較心安與好過。」

她說這段話時，語氣還是很平靜，沒有憤恨難當、沒有涕淚縱橫。

甚至有別的朋友來勸和，舉了自己的例子。

「我跟我老婆當初也都是劈了原來的另一半，後來才在一起的，我們現在很幸福。」

大偉一臉誠懇地看著小愛又說：

「你怎麼知道他們之間不是真愛呢？」

「那麼，我希望他們最好白頭偕老。」一貫的平靜，小愛這樣回答。

後來的事實證明了小愛只是連續劈腿犯第一個犯案對象。

身邊的朋友都不敢相信，那個花了將近一年時間才苦追到小愛，這樣癡情的他居然後來會劈過一個又一個女孩，始終沒有停過。

是他的本性在第一次劈腿後被啟發了嗎？

還是說這些女孩都不夠好、不夠美麗，無法讓他為了誰而停下腳步？

事實是，他就是會想劈腿，如此而已，沒有為什麼，很簡單，他管不住自己。

癡情不保證專情，他專注的情感只有在還沒得手的那段時間，一旦兩人關係確認對他來說就會失去新鮮感，也連帶失去了繼續專注在這段關係的動力。

更何況他是真心認為每個女孩他都愛，都是他的真愛。

只是，人畢竟不是一天到晚在路邊發情的野狗，人跟禽獸至少要有這方面的差別。

否則，被他隨口濫用的真愛，還真是比狗屁都還不如。

停止為不值得的人浪費情緒

視人神經萎縮：
愛情使人盲目更會幫對方找盡理由藉口，甘願上當受騙。

你的朋友覺得很生氣，不懂世界上怎麼會有這樣的人。

整碗端去吃還不夠，居然還哭訴愛上你的男人不是她的錯，要怪只能怪她自己天生就是「小三」的命。

朋友說她跟大家哭訴的時候，穿著最新一季的Chanel套裝，抹去眼淚的右手上鑽石閃閃發亮，任意盤在髮上的是Miu Miu墨鏡，膝上擱著的是Hermès經典包款。

朋友憤恨不平地說：

「這一切還不是你男人給她的。而她該有的都有了，一屋子的名牌、夜夜睡在她身邊的男人、養尊處優的生活，這一切的幸福快樂本該都是你的，她憑什麼！？」

你臉上沒有太多情緒，淡淡地說：

「我只想要我的平靜。」

旁觀者我想起她一臉的典雅氣質，再看看你靜穆的容顏，我不是男人無法從中選擇，我只是晚輩無法置喙你們三人之間的情感紛擾。

我只是驚訝原來你們這一輩的女人，並不都只是忍氣吞聲，也有像她這樣把「小三是弱者」這件事，揮灑到淋漓盡致的高手。

朋友說她其實是個很低調的人。

我回想她那一身超過百萬的裝扮，說真的，如果她這樣算低調，那你該算得上是個隱形人了吧？

朋友還說她是個很堅強且要強的人。說真的，堅強得要命的人，會咬著牙想辦法度過難關，不會選擇去當「小三」這樣的角色。

你說，這幾年的你，因為她的出現學會了一件事。

停止為不值得的人浪費情緒。

你說這樣的態度不只是對她，對他——心已經不在這個家的那個他——也是一樣。

你是難過，你是生氣，你這些情緒真實而血淋淋地存在著，每天糾纏著自己。

但他們不在乎。

他們自有辦法說服自己，他們行為的正當性。

對於不在乎的人，不論什麼情緒都顯得浪費了。

也許是人生經歷累積得還不夠，還不能體會你的體會的我，依舊忍不住想問：

「為什麼不離婚？」

你的臉上突然出現覷睨的神情說：

「都幾歲的人了……」

「那當初呢？事情剛發生的時候……？」

這些年已經一心向佛的你，談起往事心情還是難免波動了起來。

「傻吧～總以為他會回來，還有孩子……為了孩子的心情……」

不善言語的你，連解釋自己的心情，都覺得多餘。

我從小被教導要「謝天」。

當覺得自己的努力很幸運地得到了想要的結果，當心中的感謝滿溢，當要感謝的人實在太多，只有謝天才能確實表達自己心中的感謝～

感謝老天爺，自己何其渺小卻可以得此眷顧。

但還有很多人，他們的人生哲學是「怨天」。

怨得理直氣壯，不去反省自己到底為什麼，今天面臨這樣的處境。

問心無愧地覺得千錯萬錯都不是他們自己的錯，實在找不到人可以怨了，那麼他們決定怨天。

他們不曾問自己是不是扎扎實實努力過了，怨別人、怨天對他們來說，顯然比自省簡單得多。

小三難道不明白不能介入別人的感情嗎？

當然知道，但她說這一切是命。

賭徒難道不明白這一把再「梭哈」下去，會傾家蕩產嗎？

當然知道但他克制不了，也許、可能、終究會贏的念頭。

吸毒者難道不明白這一口再嘗，要賠上整個人生跟健康嗎？

當然知道但他覺得可以克制自己，這是「只要再最後一次就好」的那最後一次。

不得志的人，覺得是因為別人不了解他的好，不了解他多有才華，每天懶洋洋癱在家等著「伯樂」會發現他。

這些種種情況你我都遇過，勸了又勸，溝通再溝通，氣了又氣。

結果呢？有什麼用？

可憐之人必有可恨之處。

不論現在面對的是怎樣的狀況，每次都是他們自己的決定與選擇造成的結果。說真的，跟老天爺、跟命運，一點關係都沒有。

個性造就命運。

就算天生這種命，如果自己不想就這樣認了，難道不能努力去改變嗎？

會找藉口的人翻箱倒櫃，總能找到「都是別人的錯」的藉口。

是時候該勸勸自己：

停止為不值得的人浪費情緒。

往後再面對這樣一切不堪的種種，不如收拾情緒，整頓心情，過好自己的人生吧！

好情緒是很可貴的，不值得再為不在乎、不值得的人浪費了。

你正好就是不準的那個

傷痛閉鎖不全：

自虐的疼痛感能讓你真實感受到自己活著。無力更不願讓記憶清空，
不忍心你跟他的人生再不相關。

習慣把失望與傷心怪罪愛情，並輕易決定不能再輕易相信愛情。放任
自己沉溺傷痛多年，放棄痊癒的可能。

曾經在一場企業演講後遇見一位女子，在長長的簽名隊伍裡拿著
新版的《在最好的時候遇見你》等著我。

終於輪到她的時候，她說很喜歡這個書名所以想買來激勵自己。

雖然她拿的不是我當時最新的作品，但每本作品都有當時的我最
想對讀者說的話，所以不管讀者在什麼時候接觸到我的文字，我
都會很開心。

她先是迂迴地跟我聊著這本書裡的內容，在我抓聊天空檔、低頭
題字時，一直感覺有話要說的她才突然丟出一記直球。

「我前兩天去算塔羅，老師說我注定單身一輩子。」

聽到她這樣一說，我忍不住停下了筆，抬起頭來，只見她一臉認
真的擔憂。

我微微一笑，看向她，很誠懇地說：

「我有個朋友跟你一樣，也被某位星座專家當面斷言此生命中無桃花。」

聽到我這樣說，她驚訝地看著我。

我拍拍她的手背，點了點頭又繼續說：

「對她來說，這句話簡直成了詛咒，每當有機會要開始一段感情，腦海中就會響起那位星座專家的聲音。」

猶豫到底要不要讓自己勇敢去愛時，讓她遲疑的不是對象而是那個詛咒般的預言。

她還想繼續往下說，迫切地打斷了我。

「那個塔羅老師還說跟我一起去的朋友，命中注定會有兩次婚姻。那時候她才剛離婚根本不想再結，但後來真的就結婚了。」

一口氣講到這裡，她幾乎已經要哭出來了，眼神相當無助。

看到她如此難過讓我真心捨不得，好想伸手抱抱她。看著她，我堅定地往下說：

「你知道嗎？當我們把一個銅板往上丟，落下的時候正面跟反面出現的機率其實是各一半的。沒有誰比較有把握。」

她抹去了眼淚，專注聽著。

「就算你朋友的命運被說中了，不代表你也會是這樣子，你正好就會是那位塔羅大師的預言中不準的那個。」

聽到這裡她的神情頓時放鬆，微笑了起來。

「真的，這其實是機率問題。」

我又再次強調地說了一次：

「你正好就是不準的那一個啊～」

因為失戀真的太痛了，因為那樣的痛很難對別人說得清楚，縱容自己傷心反倒成了特效藥，你沉溺其中，遲遲不讓自己好起來。
你的傷痛閉鎖不全，更糟糕的是這樣的自虐的疼痛，能讓你真實感受到自己活著。你無力讓記憶清空，更不想將跟他的記憶連根拔除，不忍心你們的人生再不相關。

談戀愛這件事真的太讓人無力了，分明這麼認真，最終還是傷人不淺，你不明白自己到底哪裡做錯，幾次面對可能再戀愛的機會，你都無法讓過去真正過去。

失戀椎心刺骨的原因，是曾經相信兩個人可以一起達到的幸福，成為了再也抵達不了的遠方。

我們習慣把這樣的失望與傷心怪罪愛情，並輕易決定不能再輕易相信愛情。放任自己沉溺傷痛中，放棄痊癒的可能。

我當然明白有個可以怪罪的對象，可以讓失戀時的不甘心得以抒發，更何況當初是抱持肯定要幸福的決心，你才願意跟他漫步了這段並肩同行的風景。

說是相信了他，更是因為相信了自己值得愛情，才讓兩人一起的每一天什麼樣的開心都有可能。

只是你沒料到是當初的相信成了現在的不幸。

果然不幸還是更加適合自己，果然幸福都是聽說的更加美好。

你更加堅定把自己跟孤獨牢牢綑綁，那是就連接過了好幾回捧花這樣的運氣也帶不走的命定。

即使是這樣的你，心裡其實還是有一絲微弱的求救聲息，在陰暗的角落裡一閃一滅地發出訊號。

慌了手腳的那幾年，你做了好多自己都不敢相信的嘗試，想搞懂自己是怎樣的一種命格，你被熱心或是跟你一樣不知所措的朋友帶著去見過一位又一位所謂很靈驗的算命老師。

然後被一次又一次的鐵口直斷傷了再傷，你更想得到的是一種希望，從他們口中卻只聽到一次次的絕望。

我們總是輕易相信有鬼卻不願意相信愛情真的存在，分明這兩者都無法眼見為憑。

同樣無法眼見為憑的事情很多，像是各類不同信仰的上帝與眾神明，人類本身的靈魂跟運氣。

面對未知，我們的選擇總是很極端，常常不願意相信好的那事會輕易發生在自己身上。

要相信一件事存在，它才有理由來到你的生命，如果心存懷疑，就算好事多次反覆敲門，甚至迎面而來，只怕也會被你視而不見。

所有的事情都是說不準的，為什麼我們總是輕易就相信了鬼故事，卻不願意相信愛情到來不會傷害我們呢？

如果你吝於給自己可能幸福的機會，沒有導航的幸福要怎麼來到你身邊？拒絕標出座標、更關上自己所在位置的顯示，幸福要如何投遞到你身上？

你反覆檢討自己，導致傷痛始終無法淡去，但是你更該搞懂的其實是這個道理：

一場戀愛的失敗，並不代表你整個人生都失敗了。

你們兩個不適合，也不見得是誰有錯，只要在相愛的日子裡付出過真心，專注地愛過，那就值得了這場相遇。

只要是真心愛過的兩個人，並沒有誰比較不傷心，只是有些人更拿手用滿不在乎掩飾心碎。

多年後的你終究會明白，這些相遇與離開都只是人生避免不了的經歷，這些經歷的到來是為了教會我們更懂得愛，不管是愛別人或者是愛自己。

不要以為自己沒那個命，要讓自己的命好起來一點都不難，就先從跟自己把日子過好開始做起。

打造你的好命始於把自己的命過好，那麼不管明天會是哪一天的光景，都會是最好的那一天。

我們都有病

傷痛閉鎖不全：
自虐的疼痛感能讓你真實感受到自己活著。無力更不願讓記憶清空，不忍心你跟他的人生再不相關。
習慣把失望與傷心怪罪愛情，並輕易決定不能再輕易相信愛情。放任自己沉溺傷痛多年，放棄痊癒的可能。

我們都有病，而且病得不輕，總是下意識地不想讓自己過得太爽。
沒有愛情陪伴的時候，我們要自己勇敢堅持下去，相信總有一天，那個對的人會出現。
但是當真的有人出現了，卻又一天到晚疑神疑鬼，不相信好事會這樣來到自己身上，總覺得一切又是一場騙局，於是想盡辦法測試對方。

不知道為什麼，我很愛跟朋友聊到「最近一次哭得很慘的經驗」。
某天得空的下午，我又問了手邊沒有急事要處理的同事這個問題。

「《American Idol》！」

一向優雅沉穩的男同事，突然激動地睜大眼睛。

「唱得越好的人身世越慘！當他得到全場最高分，他媽媽上場跟他擁抱的時候，我忍不住放聲大哭～」

「《月老》～」二十幾歲的小女生，搶答般地高舉右手揮舞。

「而且哭了好多段喔～」

「嗯～」

娃娃臉卻硬要留鬍碴的小男人想了一下，很小聲地說：

「《當男人戀愛時》～」

接著有點不好意思地說：「我自己也不知道為什麼……」

電影或影集的劇情，各自因為不同的原因打動我們每個人，也許是昔日的親情、友情或愛情上的創傷。

有時候我們自以為那個傷口已經癒合，卻在近似的劇情上映在眼前時，哭到不能自已，是那種連自己都覺得莫名及不解的崩潰。

我最近理解到自己有一種病——一種病態的心理，而且，是很多女人都有的「騎士情結」。

我們從小聽多了「王子跟公主從此過著幸福快樂的日子」這樣的童話故事。後來長大了，開始學習獨立思考，接觸並吸收了女性主義，開始試圖模仿於是走極端的表現方式。

努力表現自己是思想、生活、經濟上獨立的女性，當看到諷刺童話故事的好萊塢電影《曼哈頓奇緣》裡，從童話故事來到現實生活的白馬王子把巴士當惡龍去屠殺，卻被噸位龐大的女公車司機

教訓，以及從高處跳下想對公主引吭高歌，卻被一群自行車隊碾過的劇情時，用力擊掌、大聲嘲笑。

我們以為笑得夠大聲就代表鄙夷童話故事的虛幻糖衣，等同於夠獨立自信不需要誰的拯救。

暢快地嗤之以鼻，深信這世界上才沒有什麼騎著白馬、捧著鮮花的男人，我們急著否認 Happy Ending 的存在，卻又在心裡的陰暗角落，急急忙忙保護著那盞就快熄掉的小小的希望燭火。

我深藏在心中這種種的抗拒行為，不久因為一個影集的片段被殺得潰不成軍。

《曼哈頓奇緣》裡對婚姻失望的離婚律師，早就在美國影集《實習醫生》裡扮演著完美的白馬王子多年。

神經質的女友總是對他百般挑剔，不耐煩他對自己的耐煩。

當她在泡澡時差點把自己溺死，被他及時發現救起時，她不但不感謝反而對著他無禮地大吼：

「你難道沒有地方可以回去嗎？你為什麼無所不在？你才不是我的什麼該死的騎士，總會在我最需要的時候出現在我身邊……」

男人好整以暇拿著毛巾，邊幫忙擦乾她的頭髮，邊帶著滿滿寬容的微笑對她說：

「我就是會一直在你身邊～」

接著在她一頭濕髮上，落下一個輕輕的吻又接著說：

「而且～我就是你那個該死的騎士。」

這段劇情頂多只算得上溫馨，還不至於讓我崩潰。

故事繼續發展，當天一場渡輪意外，實習醫生們被派遣到意外現場急救傷患，神經質的女友當然也去了。

這位神經質的女友意外地被重傷的傷患無意識掙扎時推倒落海，唯一的目擊者是個嚇呆的小女孩。她沒有立刻轉身找人求救，只在現場呆愣了好一會兒，接著又轉身沒入人聲鼎沸的意外現場。

在過了很久以後，男人——她那該死的騎士——才在小女孩緩慢又不確定的指引下知道她落海了。當鏡頭慢動作呈現男人從海裡救起女人——以白馬王子抱著一臉慘白又昏迷的公主的姿態——出現時，我莫名崩潰大哭。

這時我確定自己有病，有所謂「騎士情結」的病。

我其實很厭惡這女主角的多疑、神經質、黑暗、扭曲的人格。

她憑什麼可以讓這個完美的男人一直耐心在身邊守候？

這樣的女人一點也不討人喜歡，卻又能讓我懂得她一次次的糾結、退卻、對這段感情的自我傷害。

後來，我終於懂了，原來我們就是她。

她的人格特質反映了一個個現實中的我們，原來在別人眼裡的我們，就是這樣難搞又討人厭。

在面對不確定的愛情時，我們就是會不厭其煩地一再測試，想試到對方完全失去耐心終於轉身離開，就不用提心吊膽這段感情什麼時候會結束。

只是一旦他真的轉身離開了，又會哭天搶地責怪自己葬送了可能的真愛，原來自己真的不可能會幸福。

也許所謂的真愛，並不在於那個對的人，到底會在什麼時候出現在我們的面前，每個出現在我們生命中的人，都可能是我們的真愛。

差別只在於我們到底還有沒有願意再被騙一次的勇氣，賭上自己最後一次可以幸福到夠久的機會。

沒有誰可以代替你幸福

愛功能障礙：

渴望愛情卻更害怕受到傷害，面對所有的相遇都非常被動，有過心動
卻更常被遲疑掩蓋，主動愛人的功能完全停滯。

這樣的你正是愛功能障礙。

我有位男性友人三十多歲，母胎單身，遲遲談不了第一場戀愛。
不是因為喜歡同性、恐懼旁人的目光無法出櫃，幾年前他也曾瘋
狂喜歡上一個女生，喜歡到連自尊都葬送，只想天天看見她的
笑，就算被女生嫌棄到一文不值還是離不開，而他們最後沒有在
一起。

接著這幾年就是一些零星的火花，簡單來說，那些相遇沒有好到
讓他有動力去改變自己的人生。

一個人的日子過得如此舒服，再多一人好像會顯得太過擁擠。

**一個人的生活已經練習得如此順手，兩個人的幸福就像是另一個
世界的溫暖，無法貪圖。**

不刻意強求，就不會感到失望。

這是三十多年來他無時無刻提醒自己，必須接受的人生宿命。

他的生活不能說是多采多姿但至少安於現狀，與他人之間的交際僅限於生疏的友善，沒有幾個知心朋友。

日子過得簡單，孤獨卻自在。

這樣的個性追根究柢也許是因為成長過程的坎坷，讓他對人相當警戒，從小就看盡了大人的臉色，也都看進了心裡。

不太容易相信別人，客氣有禮貌是他與人保持距離的一種方式。

面對別人好奇的提問，從來不正面回答，總是用嘻笑怒罵蓋過真心。

他還是渴望愛情，只是更害怕又受到傷害，面對所有的相遇都非常被動。

當年那場沒有成真的愛戀難辭其咎，重挫了他的自信。

他輕易把那女孩口中一無是處的男人，跟自己劃上了等號，而且還堅信這個算式不可撼動，不會指向別的結果。

成長過程中沒有感受到是夠的愛，難以相信自己可以去愛更可能被愛。

被逼著一夜之間長大的同時，他也提早明白了這世界上並不盡然都帶著善意。

順利長大成人後的他外表看起來毫髮無傷，靠的是自己的一意孤行，只是不想輕易被困住、不願意就此認輸。

但那樣的倔強是空洞的，是用盡全部氣力好不容易才撐起來的。

在內心深處的他還是那個容易怪罪自己的孩子，總以為是自己不夠好所以別人才會這樣對待他。

一旦被傷害，也會浮現一種踏實的安心，原來自己真的不夠好。
加上他之前的經驗——被自己深深喜歡的人重重地否定——那是
傷中之傷。

有一種傷是不曾再說出口，是表面上不復記憶卻日日夜夜不曾止血。

他的心就這樣被陳年的傷痛日日夜夜繼續一刀刀劃過，痂一層結
了又一層，心牆越來越厚、越來越高，也離其他人越來越遠。

他總是告訴自己，只要決定自己不會疼，只要把傷口用力壓住就
可以痛到麻木，麻木到再也感受不到一絲絲痛楚。

他不是很在意平白讓青春交出零分的感情考卷，放任著自己百無
聊賴過日反而感覺放心。

然而，最近他有了新的相遇，跟女孩的言談之中依舊習慣把自己
貶到一無是處。

為什麼這樣說自己？不可以這樣說我朋友，女孩會這樣抗議。

女孩不把他對自己過低的評價放心上，她相信自己看見的、自己
感受到的，在兩人相處的過程中總是稱讚他。

後來，他慢慢開始願意分享自己人生的傷口，做了什麼都想跟她
報告，不論是多無聊的小事，女孩總是專注傾聽。

愛一個人不會上癮，在愛情裡更讓人上癮的是被愛的感覺。

他喜歡刻意捉弄她，喜歡看見她生氣，還會刻意不好好照顧自己
讓她擔心，因為生氣擔心這些表現都是在乎，那是他成長過程裡
鮮少感受到的對待。

還不是太確定自己值得被喜歡的他，對待女孩難免忽冷忽熱。

他的難以捉摸、忽遠忽近，時常讓女孩感到受傷，有一天她終於喪氣地說，對於不夠重要的人肯定是這樣對待的，不是你的錯，換作是我也會這樣。

這是個就算被傷害了還是懂得體貼他人的女孩。

女孩不知道的是，正忙到焦頭爛額的他，透過這幾個字卻清楚感受到她的傷心。

他很慌，不知道該拿在乎的人的傷心怎麼辦，接著急忙送出的訊息女孩統統已讀不回。

這一週他們斷了聯絡，這對於已經持續一年多每天都要聊上好幾個小時的他們來說，簡直是絕交。

他問我該怎麼辦，感覺就要失去她了，這是他第一次強烈感受到不想放棄。

我說，認識了這麼久，始終被擺在這樣不遠不近的距離，換成是我也會覺得自己不夠重要，並不很特別。

散落的瀏海遮住他的眼神，我卻從口氣裡的失落聽出他的在乎。

「我擔心真的在一起後，她就會發現我真的沒那麼好。」

「所以你還是在擔心自己會受傷。」

我平靜地說，盡力不讓語氣裡有責備。

他繼續低著頭，沒有說話。

「我沒有辦法保證你們交往後可以一直快樂幸福，但是你相信她嗎？」

他抬起頭，用疑惑的黑白分明大眼睛看著我，長長的睫毛眨呀眨地。

「相信她是個善良的好人，不會刻意想要傷害你，相信這個相遇很難得，你們都願意好好對待彼此。」

我又繼續說：

「**更重要的是，你要相信自己值得被愛，不需要刻意改變也值得被她愛。**」

他眼神一亮，好像已經做出了重要的決定。

沒有誰可以代替你幸福，那個遠方只有你可以帶著自己抵達。

沒有誰會為你帶來幸福，是兩個人一起努力才能笑著到永遠。

真愛是要條件的

認愛失能：
失去辨識愛情的能力，只能親手葬送一段相遇。

真愛到底要不要條件？

如果真的有人條列式地寫下所謂符合「真愛的條件」又會是些什麼呢？

每個人從小到大，或多或少都曾經列過所謂的「擇偶條件」吧？

身高要一百八、要會運動也要會念書，要跟我有聊不完的話題，要能逗我笑……大概類似像這樣的清單。

但隨著年紀越來越大，我們真的開始明白這個世界上，並不是真的會有一個整天騎著白馬跑來跑去的人，他左手總是捧著鮮花，右手揮舞著寶劍，看見地面上的水窪，還會解下肩上的披風，鋪在地上讓你踩過水面不被弄髒。

漸漸長大懂事了，嘴上總是說著只要看得順眼就好的我們，心中還是會有一面高牆，洋洋灑灑刻上一樣樣動彈不得的條件，卻又在愛上一個人之後，放手讓這些條件輕易地兵敗如山倒。

為什麼我們會這麼快地把自己列的條件一一搗毀呢？

不管你問什麼人，答案當然都是「愛上了還能有什麼辦法呢」。

真愛到底要不要條件？

真愛當然是要條件的，真愛唯一的條件就是：

「我要的只有你，不能是隨便一個誰！」

美國經典的影集《六人行》（*Friends*）裡，Ross暗戀了Rachel多年始終沒有向她表白，卻偏偏在Ross終於交了女朋友後沒多久，Rachel無意間得知Ross的心意，進而發現自己居然也在意起Ross來。

陷入兩難的Ross不知道該怎麼辦，如果繼續跟新女友交往他覺得不甘心，但是要他立刻跟新女友分手，卻也做不出來這麼殘忍的事情。

這時Chandler和Joy就拿出了他們的新玩具──一臺筆電，並且提議了一個方式，那就是「列清單」。

是的！這三個蠢蛋決定要用筆電來列出，新女友跟Rachel條件上的優缺點。他們一開始就列出了一堆Rachel的缺點：

敗家、脾氣不好、情緒化、Just a waitress等等⋯⋯

哇！Rachel真的很糟糕，很不ok耶～那⋯⋯優點呢？

嗯⋯⋯三個人想了半天想不出來。

好！暫時讓這一欄保持空白好了。

接著來一一列出新女友的優點：談吐高雅、溫柔、善解人意、學歷高等等。看起來新女友已經要把Rachel甩得遠遠的了。

好，公平一點，我們來列新女友的缺點吧！

Ross，你說說看新女友的缺點是什麼？她這麼完美應該沒有任何缺點吧？

Ross認真想了很久，臉上的表情先是很困惑地思考著，接著突然浮現了一種淡淡的哀傷，緩緩吐出了下面這段話：

「她真的很完美，而且只有一個缺點，這個唯一的缺點就是……她不是Rachel。」

唯一的缺點卻也是最致命的缺點，於是空有一堆好條件的新女友，就這樣子敗陣了下來。

Ross的愛不就是帶有條件的嗎？

這份愛的唯一條件就是，你必須是她，必須是Rachel。

我知道你敗家，我知道你書念得不多。

我知道你年紀大但心眼小，又愛亂發脾氣，

我知道你愛逞強又固執。

但因為你是你，你是我愛的那個你，縱使別人再好都不能夠取代你。

街上其他妹妹的翹屁股、大胸部、瀑布般的浪漫長髮、九頭身模特兒般的身材，當你不在我身邊的時候，都變得毫無意義。

親愛的，因為你就是你，我愛的那個你！多簡單明白的條件，卻也是最難達到的條件。

關你屁事

不甘心末期：
不甘心放手，依然眷戀對方，這樣的你需要給自己願意轉身的勇氣跟力氣。

最近莫名介入了一對情侶分手的糾紛。

說是糾紛其實也談不上，他們兩人處理得還算平和，真正把事情弄到有火氣，是因為我自己。

我的朋友主動跟女友提了分手，事情發生在我出國度假的那一週。一回來，一個女性朋友跟我提了這件事。

「她說她很想抱著你哭。」朋友說的她是被分手的女孩。

不知道是不是因為我太 man，被提分手的女生居然這樣跟我朋友說。

於是我帶著熱帶島嶼的曬痕跟她碰了面，雖然不是個有酒量的人，但我還是跟其他朋友陪著她喝了一晚的酒。

隔天，事情傳到了男生的耳裡，過沒兩天這群朋友包括被提分手的女生又聚在一起時，男生突然出現了。

男生會出現不是有人通風報信或是他跟蹤了誰，而是我們約在平時常聚會的場所，當他出現時我並沒有感覺太過意外。

聊著聊著我才知道，原來就算是現在已經分手了，這男人還會每天關心她，更會追問她的行蹤。

後來趁著女生離開座位時，他雙手合十、一臉誠懇帶著心疼的語氣對在場的朋友說：「拜託別再讓她喝酒了⋯⋯」

看著他這樣，不知道為什麼突然一股無名火冒上來，我面無表情看著他，冷冷地說：「關你屁事！！」

聽我這一嗆，男生一臉尷尬，在女生回座前離開了聚會。

關你屁事，你都跟她提分手了，還管她喝不喝酒？

「我是為她好，一個女孩子喝酒喝到那麼晚，回家很危險。」

我可以想像男生會這樣一臉無辜地回答。

為她好？

「是呀～雖然分手了，我還是關心她，希望她好好的。」

既然分手了，普通朋友還會在提出分手後每天噓寒問暖嗎？每天繼續追蹤女孩的行蹤，這樣的行為妥當嗎？

「你現在在哪裡？」

「跟誰在一起？」

「在幹嘛？」

在幹嘛？我還想問你，你這樣是在幹嘛？她在哪裡？跟誰在一起？在幹嘛？

關

你

屁

事

我不懂這個男生的心態，雖然他是我的朋友。

既然這麼捨不得，這麼放不下，為什麼要分手？

「跟我在一起，她太委屈了，我希望她快樂，所以跟她提分手！」

好，就算是這樣，那可不可以請你真的放手？

兩個人走不下去，自然有突破不了的問題與壓力，不管是不能解決的問題，或無法再承擔的壓力，都沒有誰對誰錯。

但至少，請你痛快乾脆放手讓對方走吧～

分手的傷痛期，請給彼此足夠的時間與空間，我們大可不必演懂事或大方地說：「讓我們繼續當朋友。」

做人偶爾可以自私一點，把時間要來，空間騰出來，先處理好自己的情緒與傷口。當時機一到，**能不能繼續當朋友，生命自然會有答案，何必要在揮刀劃出傷口的時候，還硬要對方答應「我們還會是朋友」**呢？

說真的，分手時硬是要說：「我做這個決定都是為你好。」

只不過是想要在對方心中留下最後一個加分，卻不願意去面對更殘忍的事實是：

我沒那麼愛你了。

你不再值得我去努力爭取了。

我，終究是比較愛自己的。

你以後是開心是難過、是幸福是悲慘，都不再關我屁事。

國家圖書館出版品預行編目資料

愛情這種病／艾莉 著. -- 初版. -- 臺北市：方智出版社股份有限公司
2022.05：288面；14.8×20.8公分 --（自信人生；176）

ISBN 978-986-175-670-7（平裝）

1. CST：戀愛　2. CST：兩性關係

544.37　　　　　　　　　　　　　　　　　　　111002978

Eurasian Publishing Group
圓神出版事業機構　　方智出版社　Fine Press

www.booklife.com.tw　　　　　　　　reader@mail.eurasian.com.tw

自信人生 176

愛情這種病

作　　者／艾莉
繪　　者／有隻兔子
發 行 人／簡志忠
出 版 者／方智出版社股份有限公司
地　　址／臺北市南京東路四段50號6樓之1
電　　話／（02）2579-6600 · 2579-8800 · 2570-3939
傳　　真／（02）2579-0338 · 2577-3220 · 2570-3636
總 編 輯／陳秋月
副總編輯／賴良珠
主　　編／黃淑雲
專案企畫／尉遲佩文
責任編輯／溫芳蘭
校　　對／胡靜佳 · 溫芳蘭
美術編輯／金益健
行銷企畫／陳禹伶 · 朱智琳
印務統籌／劉鳳剛 · 高榮祥
監　　印／高榮祥
排　　版／杜易蓉
經 銷 商／叩應股份有限公司
郵撥帳號／18707239
法律顧問／圓神出版事業機構法律顧問　蕭雄淋律師
印　　刷／國碩印前科技股份有限公司
2022年5月　初版